JN431843

문학과 유토피아적 상상력

장남수 지음

문학과 유토피아적 상상력

2009년 12월 05일 초판 인쇄
2009년 12월 10일 초판 발행

지은이 | 남중헌
펴낸이 | 김도연
펴낸곳 | UUP(울산대학교출판부)

출판등록 | 제370-1996-000001호(1996.3.13)
주소 | 680-749 울산광역시 남구 대학로 102
전화 | (052) 259-2488
팩스 | (052) 277-3011
홈페이지 | http://uup.ulsan.ac.kr
e-mai | press@mail.ulsan.ac.kr

값 8,500원

ISBN 978-89-7868-198-8 93840

ⓒ 장남수 2009

* 잘못된 책은 바꾸어 드립니다.

머리말

문학이 무엇인지 정의하기는 쉽지 않다. 그러나 문학의 본령 중의 하나가 새로운 삶과 새로운 세상에 대해 꿈꾸기 혹은 꿈꾸는 방식에 대한 것이라는 사실에는 비교적 많은 사람이 동의할 수 있을 것 같다. 본서의 제목에 나오는 유토피아적 상상력은 문학의 이러한 기능, 즉 오늘을 비판하고 오늘과 다른 내일을 그려보는 문학의 본래적 역할에 대한 생각을 표현하고 있다. 수록된 글들은 본서의 제목과 명시적으로 연관된 것도 있고 우원한 방식으로 연관된 것도 있다. 그러나 모든 글들이 근대의 현실을 비판적으로 점검하고 새로운 삶의 가능성을 탐색하는 작업과 무관하지 않다는 점은 자신할 수 있을 듯하다. 비교적 오래 전에 쓴 글들을 중심으로 책을 엮다보니 시의성이 떨어지는 내용도 없지 않지만 더 늦기 전에 선보이는 게 낫겠다는 생각으로 욕심을 부려보았다. 민망한 대로 독자 여러분의 질정을 기대한다. 마지막으로 본서를 내는 데 동의하고 여러모로 애쓰신 울산대학교 출판부 관계자께 정중하게 감사드린다.

2009년 11월

목 차

제 1 부

모리스와 유토피아적 상상력

1. 머리말

지난 몇 년간 영문학계에서 진행된 '영문학 위기론'이나 '정전 논쟁'에 대해 필자는 다소 비판적인 생각을 갖고 있다.[1] 문학이 구성물이라는 사실을 도외시한 채 고정된 실체로 생각하는 태도의 문제점을 지적하는 소이나, 문학이 다른 의미화실천행위에 비해 특권적인 지위를 지니는 것으로 간주하고 그것을 신비화하는 충동을 견제하는 까닭에 대해 동의하지 못해서는 아니다. 또한 기존의 문학정전이나 고전이 유럽중심주의, 인종주의, 식민주의, 가부장제 같은 다양한 억압구조의 산물이면서, 그와 동시에 이러한 억압구조를 은밀한 형태로 재생산하는 데 기여해왔다는 지적에서 경청할 바가 없어서도 아니다. 그러나 가치판단이나 문학적 성취의 질에 대한 물음을 적대시하는 이들의 기본 생각이, 만물을 동일한 척도로 평가한 후 교환의 대상으로 삼는 자본의 운동방식에 대한 '대

1) '영문학 위기론' '정전 논쟁'을 비판적으로 정리한 국내의 논의로는 김영희, 「영문학 위기론의 재검토」, 『안과밖』 1(1996): 78-109면; 유명숙, 「정전 논쟁: 그 허와 실」, 『안과밖』 1(1996): 110-34면 등 참조.

웅'으로는 처음부터 태부족이 아니냐는 의문을 떨칠 수 없는 것이다. 다른 담론행위에서는 찾아볼 수 없는 특별한 의미나 힘이 문학에만 유별나게 존재하는 것은 아니라고 강조하면서도, 자신들은 문학 논의에 각별한 노력을 바치는 이유가 무엇인지, 필자로선 요령부득이다. 이러한 의문은 이들이 문학의 '힘'을 부정하면서 자신들은 그러한 부정의 전략을 통해 새로운 '힘'을 구축하려는 게 아니냐는 의심으로 이어지기도 한다.

정전을 둘러싼 논의가 제기하는 이런저런 문제와는 별도로, 그간 주류영문학계에서 소홀히 처리되어온 작가나 작품 자체를 새롭게 주목하고 연구하는 것은 의미 있는 작업이라고 생각한다. 본고에서 윌리엄 모리스(William Morris, 1834-1896)를 다루려는 이유도 모리스의 중요성에 비추어볼 때 그에 대한 연구가 부족한 게 아니냐는 소박한 생각에서 비롯하는데, 우선 국내외 대학의 "영문학개관" 이나 "영문학사" 시간에 즐겨 이용되는 『노튼 영문학 앤솔로지』(*The Norton Anthology of English Literature*)가 모리스에게 할애하는 분량이나 수록하고 있는 내용부터가 문제라는 생각이다. 모리스의 본령은 1880년대 초에 사회주의[2])로 개종한 이후에 발표했던 산문들과 『유토피아에서 온 소식』(*News from Nowhere*, 1890. 이하 『소식』으로 약칭함) 같은 작품이라고 할 수 있다. 사정이 이러함에도 불구하고 그의 대표작 대신에 황당하고 몽환적인 분위기가 주조를 이루는 『기너비어의 옹호』(*The Defence of Guenevere*, 1859) 같은 운문만을 싣거나, 더 나아가 모리스에 대한 소개를 아예 생략하는 것은 『노튼 영문학 앤솔로지』가 대표하는 미국학계의 지나친 자기검열과 정전의 폐쇄성, 보수성을 보여주는 사례인 것이다. 현실사회주의

2) 모리스에 있어 사회주의, 공산주의, 맑스주의는 거의 동일한 의미를 지닌다.

가 내외의 모순 때문에 붕괴한 오늘날, '사회주의'는 어떻게 보면 이상으로만 존재한다고 할 수 있다. 그러나 사람살이의 이상적인 방식을 탐구했던 모리스에 대한 냉대와 그 저변에 흐르는 사회주의에 대한 맹목적 무시의 경향은 결국 현재에 안주하여 미래에 대한 사유를 포기하는 행위와 마찬가지 아니겠는가.

주지하다시피 모리스는 빅토리아조의 사회상과 사상사를 이해하는 데 빼놓을 수 없는 작가이다. 낭만시인이나 빅토리아조 작가들의 관심사는 산업혁명 이후 새롭게 대두하는 현안들에 대한 창조적 대응의 문제이었다. 그러나 19세기 대부분의 작가들이 자본주의사회를 비판하면서도 체계적이고 일관된 비판을 수행하지 못했고 계급적으로도 소시민의 테두리에 갇혀 있었던 반면에, 모리스는 그 자신이 사회주의운동에 헌신하였을 뿐 아니라[3] 노동계급의 혁명운동을 통해 성립하는 유토피아사회를 제시하여 대중에게 사회주의에 대한 '꿈'을 심어주고자 노력한 작가라는 점에서 남다른 위치를 차지한다고 할 수 있다. 리비스(F. R. Leavis)가 당대 사회에 대한 창조적 대응이라는 각도에서 비토리아조의 산문작가들을 비교하면서, 모리스가 아놀드(Matthew Arnold)보다는 못하지만 칼라일(Thomas Carlyle)이나 러스킨(John Ruskin)보다는 뛰어난 인물이었다고 평가한 것도(81면) 모리스가 보여주는 창조적 사유와 인간적 진지성의 깊이에 대한 그 나름의 판단을 보여주는 예라고 생각한다.

본고에서 주로 다루려는 작품은 『소식』인데, "유토피아적 로맨

3) 1883년에 사회민주주의연합(Social Democratic Federation)에 가입한 모리스는 1884년 12월에 SDF의 수정주의 노선을 비판하며 의회사회주의보다 혁명적 사회주의운동에 헌신하는 조직체인 사회주의자연맹(Socialist League)을 결성하고 동 '연맹'의 재정적 후원자로, 그리고 동 '연맹'의 기관지인 『공화국』(*The Commonweal*)의 편집자로 활동한다.

스의 몇몇 장들로 이루어진 휴식의 시기”(an epoch of rest being some chapters from a utopian romance)라는 그 부제가 알려주듯 이 작품은 모리스의 유토피아적 상상력이 낳은 산물이다.[4] 알려진 대로 유토피아는 살기 좋은 이상사회라는 뜻과 함께 실현 불가능한 환상이라는 의미를 지니고 있다. 박찬길 교수는 1516년에 출간된 토마스 모어(Thomas More)의 『유토피아』(*Utopia*)에서 비롯된 유토피아라는 낱말의 이중적 의미를 다음과 같이 설명한다.

> 모어는 이 작품에서 … 이상적인 사회제도를 가진 섬나라를 묘사했는데, 그 이름을 그리스어의 U (없음)와 Topia (장소)를 결합하여 유토피아라 했고, 이것은 말 그대로 “어디에도 없는 곳”, 즉 현실에는 결코 없는 불가능한 사회라는 뜻이었다. 그러나 이 말은 또다른 복합어 Eutopia (Eu 좋은 + Topia 장소)와 동음이의어를 이루면서, 결국 유토피아는 “실현이 불가능하지만 모든 것이 완벽한 이상사회”라는 뜻으로 쓰였던 것이다. (9면)

본고에서는 모리스의 유토피아적 상상력이 현실과 어떤 관계에 있는 것인지, 그것이 도피적인 성격을 지닌 것인지, 아니면 당장에는 실현 불가능하더라도 새로운 꿈을 희망하고 욕망하도록 자극해서 결국엔 현실과 고차원의 관계를 맺도록 유도하는 것인지의 문제와, 모리스의 상상력을 공상적 사회주의를 비판하는 맑시즘의 전통에 비추어서 어떻게 평가하고 이해할 것인지의 문제를 살펴보고자 한다. 예컨대, 모리스의 사회주의 정치사상만을 평가하는 윌리엄즈(Raymond Williams)는 모리스의 강점이 잘 드러나는 산문으로 「어

---

4) 홀쯔만(Michael Holzman)은 『소식』을 유토피아문학의 예로서가 아니라 사회주의자연맹 내에서 모리스가 무정부주의자와 벌였던 정치투쟁의 산물로 읽는데(589-603면) 이는 본고의 직접적인 관심사가 아니다.

떻게 살고 있는가, 그리고 어떻게 살 수 있는가」(How We Live, and How We Might Live)「예술의 목표」(The Aims of Art)「유용한 노동과 쓸데없는 노역」(Useful Work *versus* Useless Toil) 같은 정치적 글을 꼽으면서, 『소식』이나 『존 볼의 꿈』(*The Dream of John Ball* 1886)과 같은 작품은 몽환적인 초기시의 약점이 여전히 드러나는 것이라고 비판한다(159면). 요는 유토피아적 상상력이 모리스가 사회주의자가 된 이후에도 여전히 남아 있는 공상적 요소에 불과한 것이고, 그가 진정한 사회주의자로 성장하기 위해서는 극복했어야하는 대상인지, 아니면 모리스를 다른 사회주의자와 구별시켜주고 그의 사상에 독창성을 부여하는 요소인지의 문제인 것이다.

2. 모리스와 벨러미

모리스가 1890년에 『소식』을 집필하게 된 직접적 계기는 벨러미(Edward Bellamy, 1850-98)의 『뒤를 돌아보며』(*Looking Backward 2000-1887*)라는 작품이 1889년에 출간된 사건이었다. 모리스는 2000년의 보스톤(Boston)시를 미래의 이상사회로 제시한 벨러미의 작품에 대해 "나는 그가 상상하는 식의 런던풍 천국(a cockney paradise)에서는 결코 살고 싶지 않다"(Thompson 542면에서 재인용)고 비판하였는데 실제, 『뒤를 돌아보며』가 보여주는 내용은 인간 삶의 모든 면면이 기계적인 장치에 의해 평가되고 통제되는 사회에서 "기계장치가 세상을 지배하는 악몽 같은 광경"(Faulkner 339면)에 불과하며, 이 사회의 사람들은 "강제되고 병영화되고 관료주의화된 톱니바퀴"(Coleman 88면)에 불과하다는 지적을 받곤 한다. 모리스는 벨러미가 제시한

2000년의 보스톤과 같은 사회는, 변화를 추구하는 기본 정신과 방향에는 관심이 없으면서 — 그가 다른 자리에서 사용했던 용어를 빌리자면 — "사회주의라는 **기계장치**"(Morris c. "Communism" 660면. 강조는 원저자)를 보여주는 데 몰두하는 작품이라고 생각하였던 것이다.

모리스의 노웨어(Nowhere 유토피아)가 "인간과 자연 사이에, 정신과 육체 사이에, 개인적 자유와 집단적 복지 사이에 통합된 전체"(Mineo 9면)를 구현할 수 있는 핵심적 이유는 이 사회에서의 노동이 소외되지 않은 노동이기 때문이다. 좋은 노동은 휴식과 생산품에 대한 희망 이외에도 일 자체에서 느끼는 즐거움의 희망이 있어야 한다는 것(Morris d. "Useful Work *versus* Useless Toil" 118면)이 모리스의 기본적 생각인바, 노웨어의 일은 그것이 제공하는 즐거움 때문에 예술과 하나가 된 경지로 제시된다. 노웨어에서의 생산이나 일은 최소한의 노동을 투여해서 가능한 많은 제품을 값싸게 생산한 후 그것을 세계시장에 내다 파는 무한생산이 아니다. 실수요자를 위한 생산이고 육체와 정신을 동시에 활용하는 생산방식인 것이다. 자본주의에서 사회주의로의 이행기 역사에 대해 소상한 지식을 갖고 있는 해몬드(Hammond) 노인이 혁명 이후에 생겨난 사람들의 태도 변화에 대해 『소식』의 화자인 게스트(William Guest)에게 설명해주는 대목은 다음과 같다.

> "예술 또는 일의 즐거움은 … 사람들이 지니고 있는 본능과 같은 요소 때문에 거의 자연발생적으로 생겨난 것 같소. 사람들이 더 이상 고통스럽고 끔찍한 과다한 일에 어찌할 수 없을 정도로 내몰리지 않게 되자, 당장 하고 있는 일을 최대한 잘하려는, 즉 탁월한 것으로 만들려는 본능이 발휘된 거지요. 그리고 일정 기간 이런 일이 지속되면서 아름다움에 대한 갈망이 사람들의 마음속에 생겨난 것 같아요. 그

들은 조야하고 어색한 방식으로라도 자신들이 만드는 자기(瓷器)를 장식하기 시작했으며 일단 장식을 시작하자 장식하는 경우가 곧바로 증가했소. … 그래서 더디지만 마침내 우리는 우리가 하는 일에 즐거움을 갖게 된 거요. 그리고 그런 즐거움을 알게 되자 우리는 그것을 계발했고 정당한 즐거움을 누리도록 주의를 기울였던 거지요. 그러자 모든 일이 해결되었고 우리는 행복한 겁니다. 이런 날이 영원토록 영원하길!" (114-15면)

노동이 고통이나 저주가 아니라 축복이 된 상황, 노동이 주는 즐거움을 상실할까 두려워할 정도로 사람들이 변화한 것, 이것은 자본주의의 노동과 본질적으로 다른 종류의 노동을 상상할 수 있는 유토피아적 상상력의 발현이다. 이런 종류의 상상력이 부재할 경우, 미래사회의 기구와 제도를 아무리 이상적으로 그리더라도 그 사회에서의 노동 자체가 즐거운 것이 되어야 하고, 그래서 생계를 유지하는 일과 자기충족이 동시적으로 이루어져야 한다는 생각을 하기는 어려운 법이다. 일과 삶이 분리되어 있는 경우엔 가능한 적게 일하고 자기계발을 위한 시간이나 여가시간을 최대화하는 것이 목적이 될 수밖에 없는바, 벨러미가 상상하는 미래사회는 삶과 일의 분리라는 현대문명의 난제를 조금도 해결하지 못한 사회로 제시되고 있다. 아니 더 나아가, 2000년의 보스톤을 찾아온 웨스트(Julian West)에게 이 사회의 여러 운영원리를 설명해주는 역을 하는 리트 박사(Doctor Leete)가 자랑스레 전달하는 얘기를 듣노라면 반성적 사유의 결핍과 상상력의 빈곤을 절감하게 된다.

"국민들에게 안락한 물질적 삶을 확보해주기 위해 우리가 수행해야만 하는 노동은 우리의 능력을 발휘하는 가장 중요하거나 재미있거나 고상한 일로 더 이상 간주되지 않습니다. 우리는 그러한 일은 그

저 해야만 하는 필요적 의무로 생각하지요. 그 이후에나 우리들은 우리의 재능을 최고로 발휘하는 일에, 즉 진짜 삶을 의미하는 지적이고 정신적인 향유와 작업에 매달릴 수 있는 겁니다." (148면)

벨러미의 2000년 보스톤에서 "우리 시대 이전에 살았던 사람들의 유일한 목표는 일을 회피하는 거였습니다"(Morris a. 154면)라는 딕(Dick)의 발언은 과거형이 아니라 현재형으로 지속되고 있는 것이다.

"일에서 느끼는 즐거움의 표현"(Morris c. "The Art of the People" 530면)이 곧 예술이라는 모리스의 생각은 14세기 중세 고딕예술을 이상적인 예술로 파악하는 예술관 내지 사회관과 연결된다. 모리스가 봉건사회의 질곡과 빈곤에 무지했던 것은 아니다. 다만, "최상의 예술가도 장인에 불과했지만 가장 비천한 장인도 예술가"(Morris b. "Art under Plutocracy" 59면)이었던 중세의 사회적 조건에 대한 고려가 모리스에게는 중요하였던 것이다. 원래, 사회의 질과 예술의 질이 상호 긴밀하게 연결되어 있다는 생각은 모리스의 독창적인 사상이라기보다 그에게 많은 영향을 미친 러스킨의 핵심적 사상이었다. 그러나 러스킨이 예술은 그 시대의 전반적인 삶의 질을 반영하는 것이라는 생각을 개진하는 데 그쳤다면, 모리스는 예술의 타락을 가져온 사회의 타락과 자본의 착취를 혁명적으로 바꿀 수 있다는 생각을 하고, 그런 생각을 구체적인 행동으로 실천한 차이가 있는 것이다. 예술의 재생이 예술적인 문제라기보다 기본적으로 정치적이고 사회적인 문제라는 자각이 깊어지고, 동방문제(Eastern Question)나 고건축물 보수 반대운동(Anti-Scrape) 같은 현실문제와 씨름하던 중, 모리스는 1883년에 맑스(Marx)의 『자본론』(*Capital*)을 읽게 되고, 그 이후 사회주의자가 되는 '불의 강'을 건넌다고 한다(Thompson 271면). 따라서 모리스의 사회주의는 그 자신이 말한 대로

"예술가의 눈으로 본 사회주의"(Morris d. "A Rather Long-Winded Sketch of My Very Uneventful Life" 32면)라고 할 것이다.

『소식』이 보여주는 노웨어의 모습을 조금 더 구체적으로 살펴보자. 노웨어에는 사유재산이 없고 계급차이나 노동의 강제가 없을 뿐 아니라 교환가치의 상징인 화폐도 없으며 도시와 농촌의 구분도 없다. 연기를 내뿜는 공장이나 요란한 소리를 내는 기계가 없는 전원적인 이곳에서 각자는 다양한 일에 종사하며 자연과 조화한 채, 자신의 개성을 최대로 계발하면서 살아간다. 그러나 『소식』을 훌륭한 유토피아문학으로 만드는 것은 이상사회에 대한 매력적인 묘사, 그 자체가 아니다. 19세기에서 온 화자인 게스트는 노웨어에서 처음 만난 사람의 알맞게 탄 피부와 균형 잡힌 몸매 등 건강한 육체를 보고 자기 시대 사람들의 뒤틀린 육체를 되돌아보게 되는데, 이처럼 게스트가 노웨어를 여행하면서 수행하는 떠나온 '현재'와 목격하고 있는 '미래'의 비교 내지는 대조, 게스트의 여행을 따라가면서 독자가 수행하는 자의식적인 반성이야말로 『소식』을 공허한 관념의 소산이 아니라 현실에 밀착한 유토피아로 만드는 데 결정적으로 일조한다. 현실과 이상의 갈등이 『소식』과 『뒤를 돌아보며』의 결정적 차이인 만큼 빅토리아조 사람인 화자가 이상사회를 돌아보며 겪는 경험이 화자나 독자에게 떠올리는 생각을 좀 더 살펴볼 필요가 있겠다.

게스트가 노웨어에서 처음 만난 사람은 템즈강에서 배를 태워준 딕이라는 인물이다. 자신이 떠나온 사회의 관습대로 뱃삯을 지불하려하자 금전관계를 모르는 딕은 이상한 눈으로 동전을 바라보며 다음과 같이 대꾸한다.

"왜 이러시는지 알 수 있을 것 같습니다. 선생님은 내가 선생께 봉사를 했으니 뭔가를 줘야만 한다고 생각하시는군요. … 이런 얘기를 전에 들은 적이 있지만, 내겐 골치 아프고 번거로운 관습으로 여겨질 뿐이라고 말하는 걸 용서하세요. 우리는 어떻게 해야 할지를 모르니까요. 선생님이 보시다시피 사람들을 배로 건네주거나 강 중간에서 태워주는 일은 누구에게나 하는 내 일입니다. 그러니 **내 일**을 하면서 답례를 받는 것이 아주 이상하게 여겨질 밖에요. 뿐만 아니라 한 사람이 내게 뭔가를 주면, 그 다음 사람도 줄 것이고, 또 그 다음 사람도, 끝이 없지요. 그러니 내가 수많은 우정의 기념품들을 어디다 처분해야 할지 모르겠다고 말하더라도 무례하다고 생각하지 마시기 바랍니다."

그러고 나서 그는 자기 일에 대한 답례로 뭔가를 받는다는 것이 아주 재미있는 농담이라는 듯이 큰 소리로 쾌활하게 웃었다. (7-8면. 강조는 원저자)

이러한 딕의 반응을 보고 게스트는 상대가 미친 인물이 아닌가 걱정하며 자신이 수영을 잘하는 것이 다행이라고 생각한다. 그러나 이 대목에서 모리스은 금전지불관계로 얽힌 빅토리아조의 관습과 금전관계에서 자유로운 노웨어의 인간상을 대조시킴으로써 자본주의 사회의 왜곡된 가치관을 비판하고 있다. 블룸즈베리(Bloomsbury)에 사는 딕의 증조부에게 가는 도중에 장날인데도 촌티 나는 사람이나 가난한 사람이 보이지 않아서 오히려 놀라는 게스트의 반응, 19세기의 의회건물을 "거름창고"(26면)로 쓰는 현실이 그에게 불러일으키는 묘한 느낌 등은 모두 다 공소한 이상의 제시에 그치는 게 아니다. 빅토리아시대에 대한 강한 비판의식과 대안적 삶의 방식에 대한 진지한 모색을 함축하고 있는 것이다.

노웨어에서 게스트가 하는 경험에 비해, 113년에 걸친 "혼수상태"(52면)를 겪고 2000년 보스톤에 오게 된 웨스트의 경험은 현실과의 긴장이라는 측면에서 그 밀도가 훨씬 덜하다. 국가가 생산·분배·유통의 모든 과정을 장악하고 있는 이 사회의 체계는, "아무리 못돼먹은 관리라도 자기 권력을 남용해서 자신에게나 다른 누구에게 이익을 안겨줄 방도가 전혀 없"(68면)을 정도로 완벽하며 사회적으로도 완전고용과 물질적 풍요가 실현된 이상향이다. 그러나 이것이 자본주의문명을 비판하는 준거점으로서의 역할을 수행하기에는 역부족인바, 그 일차적인 이유는 주인공이 떠나온 19세기 현실과 지금 겪는 21세기 현실 사이에서 고민하는 모습이 결여되어 있을 뿐 아니라, 19세기의 보스톤을 가끔씩 회상할 때에도 타락한 사회에 대한 도전의식이나 개혁의지를 읽어내기가 힘들기 때문이다. 웨스트가 최종적으로 2000년에 그냥 머무르는 플롯도 현실에의 도전의식이나 개혁의지가 실종되었기 때문이라고 해석할 수 있는데, 주인공이 중간에 19세기로 잠깐 돌아왔던 것은 문자 그대로의 꿈에 불과하게 된다. 그러나 『소식』의 경우, 꿈의 한복판에서도 비참한 현실이 화자를 통해 부단히 상기되기 때문에, 그리고 화자 자신이 떠나온 시대로 되돌아갈지 모른다는 불안감에 항상 휩싸여 있기 때문에 독자는 불안하게 깨어있으면서 자신의 사회와 가치관에 의문을 던지게 되는 것이다. 이런 의미에서 화자인 게스트는 톰슨(Thompson 694면)이 설명한 대로 이상과 현실, 독자의 경험과 미래를 연결하는 고리와 같은 존재라고 할 수 있겠다.

두 작품의 또다른 결정적 차이는 사회주의로의 이행과정에 대한 설명이다. 『뒤를 돌아보며』에서는 이 과정이 평화로운 "산업적 진화과정의 결과"(61면)로 제시되는 데 반해, 『소식』에서는 각성한 대중의 투쟁의 결과로 제시된다. 대중의 "자유와 평등에 대한 갈망"(89면)이 평화롭게 달성된 것은 아니라는 지적이나, 노동자들의

'노동자연합'과 사용주들의 '질서의 동지회' 사이의 길고도 험난한 싸움 과정에 대한 묘사는 자본주의의 사회적·경제적 현실에 대한 모리스의 냉엄한 인식을 보여준다. 이 대목에서 모리스의 서술이 특히 주목에 값하는 이유는, 사회주의로의 이행과정이 사회의 기존 조직을 바꾸는 과정인 동시에 새로운 사회에 어울리는 "적절한 행정능력"(110면)을 학습하고 이런 과정을 통해 사람들이 스스로를 바꾸어가는 건설의 과정으로 제시된다는 점이다. 사회의 기존질서가 붕괴한 후 벌어진 일들에 대해 해몬드 노인이 게스트에게 해주는 이야기를 한번 더 들어보자.

> "그 체계가 붕괴하고 사용주가 행사하던 압력이 가난한 사람들에게서 벗겨지자 단순히 동물적인 필요와 인간의 정념만이 그들을 사로잡는 것 같았고 그에 따라 전반적인 붕괴가 생겨날 것 같았어요. 대중이 처음에는 사회주의적인 이념에 의해, 그 다음에는 앞서 말한 노동자조직('공공안전위원회'를 지칭 — 인용자)의 성원이 많은 수를, 실제로는 다수를 차지하는 공공연한 사회주의자들과의 접촉을 통해 고무되는 일이 없었다면 그런 붕괴는 틀림없이 일어났을 거예요." (106면)

노웨어의 평화와 행복은 기나긴 변화의 과정을 겪으면서 사람들이 새로운 가치관 — 사회주의적 가치관 — 을 체득하고 노동에 기초한 행복의 의미를 깨달았기 때문에 가능한 것으로 제시된다. 따라서 모리스에게 있어, 사회주의란 단지 사회주의적인 생각이나 이념을 갖는 문제에 그치는 게 아니라고 할 수 있다. 오히려 혁명 활동에 대중이 참여함으로써 얻게 되는 새로운 가치관과 깨우침, 그로 인한 변모가 중요한 것이다(Crump 65-66면). 이제 '욕망의 교육'[5]

5) 톰슨의 모리스 이해에서 핵심적 위치를 차지하는 "욕망의 교육"이라는 개념은, 아방수르(Miguel Abensour)가 그의 학위논문 *Les Formes de L'Utopie*

이라는 각도에서 모리스가 『소식』을 집필한 까닭에 대해 살펴볼 때가 되었다.

『소식』의 첫 장인 「토론과 취침」(Discussion and Bed)은 "혁명의 아침"(1면)에 벌어질 상황에 대한 토론에 참석했던 어떤 사회주의자가 "그 날을 하루라도 보았으면"(2면) 좋겠다는 간절한 소망을 품고 잠자리에 들었다가, 꿈에서 보게 된 "놀라운 사건들"(3면)을 화자에게 전해주었는데, 화자가 이야기 전달의 자연스러움을 위해 일인칭형식으로 독자에게 전하겠노라는 내용을 담고 있다. 결국 사회주의자가 꿈에서 본 환상이 『소식』의 전체 내용을 이루는 셈이며, 마지막 장인 「축제의 시작, 그리고 종결」(The Feast's Beginning — The End)은 일인칭화자가 꿈에서 깨어나 현실로 돌아와 있는 모습을 보여준다. 꿈에서 깨어나 처음 잠들었던 침대에 일어나 앉은 화자는 다음과 같이 생각한다.

> 나는 해머스미스에 있는 누추한 내 집 침대에 누운 채, 내가 꿈을 꾸었던 것에 지나지 않는다는 사실을 알게 뒤 후 절망에 휩싸이지 않았는지를 곰곰 생각해보려고 애썼다. 그리고 이상한 말이지만 나는 내가 그다지 절망하고 있진 않다는 사실을 알게 되었다. (182면)

화자가 절망하지 않는 이유는 노웨어에서 화자를 사로잡았던 엘런(Ellen)이 다음과 같이 말하는 듯하기 때문이다

> 엘런의 슬픈 마지막 표정은 다음과 같이 말하는 듯했다. … "돌아가세요, 우리를 보았고 당신의 투쟁에 조금이나마 희망을 더하게 된 만큼 좀 더 행복하게 생각하세요. 어떠한 고통과 수고를 반드시 겪는다

---

*Socialiste-Communiste*에서 처음 사용한 용어이다.

해도, 친교와 휴식과 행복의 새 날을 조금씩조금씩 건설하기 위해, 할 수 있는 한 살아서 계속 노력하세요."

그렇다, 물론이다! 그리고 내가 그것을 본 것처럼 다른 사람들도 그것을 볼 수 있다면, 그때 그것은 꿈이라기보다 비전이라고 불릴 수 있을 것이다. (182면)

인용문의 마지막 부분이 보여주듯 모리스의 의도는 독자들에게 "사회주의에 대한 이해와 열렬한 욕망"(Morris c. "Communism" 662면)을 심어주어서 현실에서 혁명적 변화가 일어나도록 하고자 하는 것이다. 이상적인 사회를 보여주어서 독자들을 '교육'시키겠다는 의도야 벨러미도 공유하고 있었던 것이지만, 벨러미의 기획이 실패하는 주된 까닭이 현실과 이상의 긴장관계를 통해 독자의 시선을 현실에 붙잡아두지 못한 때문임은 앞에서 살펴본 대로이다. 벨러미의 경우, 주인공인 웨스트가 잠깐 되돌아갔던 1887년 보스톤의 지인들이 — 약혼녀와 장인을 포함하여 — 빈부격차의 문제점을 호소하는 웨스트의 말에 조금도 귀 기울이지 않는다는 사실이 그의 '기획'의 실패를 단적으로 웅변한다.

사회주의자들이 미래사회의 구체적인 청사진을 제시하지 못한다는 비판에 대해, 모리스는 조직과 체계가 문제되는 것이 아니고 대안적 가치관을 지니도록 교육하는 것, 즉 이제까지와는 전혀 다른 세상살이의 방식을 상상하고 새로운 욕망을 품도록 교육하는 것이 중요하다는 입장을 보여준다. 모리스 스스로가 "우리가 태어나서 이제까지 자라온 상태와 전혀 다른 상태에서 이루어질 삶의 세부사실들을 그려낸다는 것은 쓸데없는 일일 것이다"(Morris c. "A Factory as It Might Be" 646면)라고 말한 적도 있는데, 톰슨에 의하면 모리스에게 중요한 것은 구체적인 '해결책'이나 미래사회의 모습에 대한 독자들의 동의 여부가 아니다. 중요한 것은 대안적 가치를 모색하는 일에 독자가 함께 참가하는 모험인 것이다. 톰슨의 주장은 다음과 같다.

> 모험을 하면 두 가지 일이 벌어지는데 하나는 우리의 인습적인 가치관, 즉 부르주아사회의 '상식'이 무너진다는 것이다. 또한 우리는 유토피아의 고유하고 새로 발굴한 영역에 들어서게 되는바, 그것이 바로 **욕망의 교육**이라는 영역이다. 이것은 정해진 목적을 향한 '도덕교육'과 다른 것으로서 오히려 열망의 길을 여는 것이고 "욕망을 하되, 더 낫고 더 많이, 그리고 무엇보다도 상이한 방식으로 욕망하도록 욕망을 가르치는" 일이다. 모리스의 유토피아주의는, 성공하는 경우, 욕망을 해방시켜서 우리의 가치관에 대해 끝없이 질문하도록 만들고, 또한 욕망 자체에 대해서도 질문하도록 만든다. (790-91면. 강조는 원저자)

거듭 말하지만, 모리스의 유토피아주의는 역사나 현실에서 도피하여 독자를 낯선 세계로 데려가는 게 아니다. 그것은 현실에 부재하는 것에 대한 비판의식과 더불어 실현 가능한 것에 대한 희망의 산물이기에, "소박한 낙관론의 반대이자 그 속에 위험의 범주를 항상 포함하고 있는"(Bloch 16면) 진정한 유토피아주의인 것이다. 노웨어 사람들의 생활상이 자기 시대의 불행을 생각나게 만들기 때문에 괴로워하던 화자이었지만 그 꿈을 자신이 현실과 싸워나가는데 필요한 전망으로 삼을 수 있는 능력, 꿈에서 본 비전이 낯선 세계를 몽상하도록 만드는 게 아니라 현실을 더더욱 견딜 수 없는 것으로 그리고 투쟁의 대상으로 인식하도록 유도하는 것, 이것이 모리스가 『소식』에서 발휘하는 유토피아적 상상력의 골자인 것이다.

3. 모리스의 유토피아적 상상력에 대한 평가 문제

앞에서 우리는 미래사회에 대한 모리스의 상상을 벨러미의 상상과 비교하는 방법을 통해 그의 상상력이 현실과의 긴장관계 속에서 나온 것임을 살펴보았다. 그러나 모리스의 유토피아적 상상력을 어떻게 평가할 것인가의 문제가 완전히 정리된 것은 아닌 듯하다. 사회주의이론에는 공상적 사회주의와 과학적 사회주의를 구분하면서 미래사회에 대한 상상을 죄악시하고 혁명의 전략과 전술에 관심을 집중하도록 강조하는 전통이 엄존하기 때문이다. 엥겔스(Engels)는 공상적 사회주의는 "시간, 공간 및 인류의 역사 발전에 의존하지 않기 때문"(409면)에 공허한 것이며 "사회주의를 과학으로 만들기 위해서는 우선 그것을 현실의 토대 위에 세워야한다"(410면)고 강조한바 있다.

우선, 칼라일, 러스킨 등 영국낭만주의의 산업주의 비판 전통에서 성장하여 '불의 강'을 건넌 후 사회주의자가 된 모리스의 생각이 맑스주의와 기본적으로 다른 것은 아니라는 점을 강조할 필요가 있겠다. 모리스가 작성하여 1885년 7월 5일의 사회주의자연맹 총회에서 통과된 "사회주의자연맹 선언서"(The Manifesto of the Socialist League)는 계급과 민족의 구분을 철폐하는 혁명적 국제사회주의를 내세우면서 적대적 계급투쟁, 모든 생산수단 및 분배수단의 공동소유를 주장한다(Thompson 732-40면). 『소식』에 나타나는 이행기에 대한 설명과 국가나 계급차이의 소멸, 도농(都農)의 격차 해소, 행정적 강제 대신에 공동의 도덕성에 기초한 자율적 규제, 해방과 평등의 비전 등은 맑스주의와 공통되는 사항이다. 물론, 수공업의 전반적 부흥이라는 문제나 자본주의의 '진보성'에 대한 부정 등, 모리스의 비전이 맑스주의와 상치되는 면 또한 분명히 존재한다(Anderson 165-66면). 그러나 맑스주의와 모리스 사상의 공통점과 차이점을 따지는 일에 몰두하는 방식은 모리스의 본령에 제대로 주목하는 길이라고 할 수 없겠다. 왜냐하면 앞서 말한 대로, 모리스의 강점은 미래사회의 구체적인 청사진이나 세부묘사의 적합성보다는 대안적 가치관과 대안적 삶의 방식을 모색하며 독자들이 익숙해있는 기존 제도나 현실을 반성하고 그 도덕성에 의문을 던지도록 하는 데 있기 때문이다. 맑스·엥겔스의 지적을 좇아, 미래사회에 대한 일체의 사유를 공상적이고 공허한 것으로 치부하는 태도는 맑스주의를 "최종판결을 내릴 유일한 자격이 있는 일종의 대법정"(789면)으로 생각하는 꼴이라는 톰슨의 지적에는 경청할 점이 분명히 많다. 『소식』에 드러나는 모리스의 유토피아적 상상력이 공상에 빠지지 않는 것은 화자의 자의식적 반성을 통해 현실과 이상의 긴장이 유지되고 있기 때문인바, 이것이야말로 엥겔스가 시간, 공간, 인류의 역사 발전 같은 "현실의 토대"에 주목하도록 강조했던 진짜 이유라고 할 것이다. 과거와 현재에 안주하지 않고 미래를 사유하되 현실과의 관련 속에서 사유하기, 이것이 요체인 것이다.

모리스의 유토피아적 상상력을 높게 평가하는 행위는 과학적 사회주의와 공상적 사회주의라는 맑스주의의 전통적 이분법을 문제시하는 태도이기도 하다. 톰슨은 맑스주의가 모리스식의 유토피아적 상상력마저 무시하는 경우, "도덕적 자의식이나 심하게 말해 욕망이라는 낱말의 결여, 미래에 대한 상을 투사할 수 없는 무능력, 그리고 더 나아가 이것들 대신에 공리주의자의 세속적 천국에 의지하려는 경향"(792면)을 강화할 수 있다고 경고한다. 새로운 인간상과 새로운 가치관을 탐색하는 모리스의 유토피아적 상상력이야말로 모리스를 독창적인 사회주의사상가로 만드는 핵심이며 그만큼 모리스의 작업은 맑스주의에 보완적인 요소라는 것인데, 톰슨은 "모리스를 맑스주의에 순응한 맑스주의자가 아니라 전화된 낭만주의자로 이해하는 것이 더 중요하다"(786면)고 강조한다. "모리스는 전화된 낭만주의 전통이 지닌 최대한의 힘을 등에 업고 있는 공산주의 유토피아 사상가이다"(792면)라는 것이 톰슨의 최종적 결론인바, 낭만주의에 대한 평가와 '전화'라는 용어의 의미 문제로 귀결된다 하겠다.

이 문제를 자세히 검토하기 위해서는 별도의 작업이 요구되는 사항이므로 여기서는 개괄적으로 살펴볼 수밖에 없을 듯하다. 주지하다시피 19세기 영국에는 서로 대척적인 관계에 있는 두 가지 지적 흐름이 존재한다. 하나는 벤섬(Jeremy Bentham)이 대표하는 공리주의라는 이데올로기이고 다른 하나는 코울리지(Samuel Taylor Coleridge), 칼라일 등이 대표하는 낭만적이고 인본적인 전통이다. 전자가 영국의 산업화를 주도한 정신이었다면, 후자는 산업주의의 비인간성과 무자비한 이윤추구, 기계적 행동양식 및 사유방식에 대한 비판을 보여준다. 윌리엄즈의 『문화와 사회 1780-1950』(*Culture and Society 1780-1950*)라는 저서는 산업주의를 비판하는 영국 지식인의 사상적 전통이 최초의 산업화에 반응했던 낭만주의 예술가들의 생각과 용어를 근거로 하여 전개되었다는 사실을 감동적으로 서술한다. 산업화의 충격을 일차적으로 겪은 이후, 낭만시인들이 점차 개인의 내면이나 예술의 세계로 '침몰'하였다면 낭만주의의 비판적 전통을 일차적으로 계승한 인물은 칼라일과 러스킨 같은 빅토리아조의 산문작가였다. 모리스는 예술의 질이 사회 전반의 삶을 반영한다는 러스킨의 생각을 이어받되 사회 전반의 조건을 예술에 우호적인 것으로 바꾸어놓으려는 사회주의 실천 활동에 참가함으로써, 러스킨의 전통을 그대로 답습하지는 않는 모습을 보여준다. 톰슨이 말하는 '전화'는 연속과 단절을 함께 아우르는 낱말인 것이다. 모리스의 유토피아적 상상력은 낭만주의적 일탈에 불과하다는 피어슨(Stanley Pierson)의 견해를 반박하는 톰슨의 다음과 같은 주장은 모리스의 낭만주의와 맑스수의에 대한 설득력 있는 해명이다.

> 첫째, 피어슨과 달리 나는 몇몇 결정적이면서도 지배적인 사회주의 개념들이 모리스의 낭만적 비판에 '덧씌워져' 있는 게 아니라 정말로 통합되어 있는데, 그것도 옛 전통과 균열을 일으키면서 그것을 전화시킨 것이라는 사실을 보여줄 정도로 통합되어 있는 것이라고 생각한다. … 둘째, 피어슨과 달리 나는 낭만주의전통이 오로지 전통적이고 보수적이며 '퇴영적'이고 '도피적'이며 '공상적'인 특징을 갖는 것으로, 즉 모리스를 '주관주의'와 '관념주의'로 언제든 끌어당기려고 하는 항상적인 저류로 정의되어서는 안 된다고 생각한다. 오히려 자체 안에 전혀 다른 성질을 지니고, 맑스와 엥겔스의 글이라는 침전물과 무관하게 이런 전화를 수행할 수 있는 자원을 지니고 있는 것으로 보아야 한다고 생각한다. (779면)

『소식』에서 드러나는 모리스의 비전은 일상적 노동에서 삶의 즐거움과 예술을 앗아간 19세기 빅토리아조의 자본주의에 대한 비판에 그치는 게 아니다. 그것은 노멘끌라뚜라라는 전문관료층이 대중을 지배하는 가운데 대중은 기계적인 노역에 시달리곤 했던 현실사회주의의 불모성과 반창조성에 대한 비판이기도 하고, 더 나아가 현실사회주의를 아우르는 자본주의세계체제에 대한 강력한 비판이 되기도 하는 것이다. 필자가 『소식』이 최고 수준의 유토피아적 상상력이 발휘된 작품이라고 주장하려는 건 아니다. 화자의 가부장적 음성에서 엿보이는 여성문제에 대한 모리스의 이해 부족을 비판할 수도 있고, 작가의 상상력이 중세취향이라는 점을 지적할 수도 있을 것이며, 인터내셔널이 결성되어있던 시대에 영국내의 일국혁명을 얘기하는 그의 나이브한 인식 수준을 비판할 수도 있을 것이다. 또한 인간성을 이해하는 모리스의 방식이 지나치게 단선적이어서 노웨어 주민들의 생활이 다소 정태적으로 제시되고 있다는 점을 비판할 수도 있을 것이다. 그렇다고 노웨어를 구성하는 유토피아적 상상력이 지닌 강점과 미덕이 무화되는 것은 아니라는 것이 필자의 생각인데, 그것은 게으름을 혐오하고 노동을 중시하는 노웨어 주민들의 생활태도나 가치관이 자본주의의 착취와 비참에 대한 작가의 문제의식과 결부되면서 산업사회의 비인간성을 비판하고 대안적 가치관을 모색하도록 독자를 추동하기 때문이다. 이런 각도에서 보면 자연과 조화한 노웨어의 삶이 보여주는 모리스의 생태주의적 관점을 그의 유토피아적 상상력과 별도로 다루는 것은 불필요한 일일 것이다.

인용문헌

박찬길, 「낭만주의 시대와 유토피아」, 『안과밖』 6(1999): 8-35.

Anderson, Perry. *Arguments within English Marxism*. London: Redwood Burn, 1980.

Bellamy, Edward. *Looking Backward 2000-1887*. Ed. Cecelia Tichi. New York and London: Penguin, 1986.

Bloch, Ernst. "Something's Missing." *The Utopian Function of Art and Literature: Selected Essays*. Trans. Jack Zipes and Frank Mecklenburg. Cambridge, Mass.: The MIT P, 1988.

Coleman, Stephen. "How Matters Are Managed: Human Nature and Nowhere." *William Morris & News from Nowhere*. Ed. Stephen Coleman and Paddy O'Sullivan. Hartland: Green Books, 1990.

Crump, John. "How the Change Came: *News from Nowhere* and Revolution." *William Morris & News from Nowhere*. Ed. Stephen Coleman and Paddy O'Sullivan.

Engels, Frederick. "Socialism: Utopian and Scientific." *Karl Marx and Frederick Engels: Selected Works in One Volume*. New York: International Publishers, 1968.

Faulkner, Peter, ed. *William Morris: The Critical Heritage*. London and Boston: Routledge & Kegan Paul, 1973.

Goode, John. "William Morris and the Dream of Revolution." *Literature & Politics in the Nineteenth Century*. Ed. John Lucas. London: Methuen, 1971.

Holzman, Michael. "Anarchism and Utopia: William Morris's *News from Nowhere*." *ELH* 51-3 (1984): 589-603.

Leavis, F. R. *Nor Shall My Sword*. London: Chatto & Windus, 1972.

Mineo, Ady. "Eros Unbound: Sexual Identities in *News from Nowhere*." *The Journal of the William Morris Society* 9-4 (1992): 8-14.

Morris, William (a). *News from Nowhere*. Ed. James Redmond. London: Routledge, 1970.

______________ (b). *Political Writings of William Morris*. Ed. A. L. Morton.

New York: International Publishers, 1973.

______________ (c). *William Morris*. Ed. G. D. H. Cole. Bloomsbury: Nonesuch P, 1934.

______________ (d). *William Morris: Selected Writings and Designs*. Ed. Asa Briggs. Harmondsworth: Penguin, 1962.

Thompson, E. P. *William Morris*. 1955; New York: Pantheon, 1976.

Williams, Raymond. *Culture and Society 1780-1950*. 1958; Harmondsworth: Penguin, 1963.

프레드릭 제임슨의 모더니즘/포스트모더니즘 단절론

본고의 목적은 프레드릭 제임슨(Fredric Jameson)의 모더니즘/포스트모더니즘 단절론을 살펴보는 것인바, 제임슨의 최근 작업은 그가 포스트모더니즘으로 통칭하는 현단계의 문화적, 철학적, 사회경제적 특징을 밝히는 데 주로 모아지고 있다. 그러나 포스트모더니즘에 대한 제임슨의 최근 연구는 80년대 이전부터 그가 간직해오던 관심사의 연장선상에 있는 것이지 그로부터 동떨어져 있는 것이 아니다. 이러한 연속성은 70년대 초반의 저서인 『맑시즘과 형식』(*Marxism and Form*) 『언어의 감옥』(*The Prison-House of Language*) 등에서 그가 이미 보여주었던 변증법적 사고방식이나 맑시즘의 전통을 계승, 발전시키려는 노력이 포스트모더니즘에 대한 현금의 논의에서도 지속된다는 사실을 통해 확인할 수 있다. 또한 1981년의 저작인 『정치적 무의식』(*The Political Unconscious*)에서 제임슨이 발자끄(Balzac), 기씽(Gissing), 콘래드(Conrad)를 통해 추적하는 문제가 "자본주의 생성기에 부르주아 주체의 구성과 우리 시대에 그 주체의 정신분열증적 해체"(12면)에 대한 문제인데, 포스트모더니즘론에서는 바로 그 주체의 해체 내지 탈중심화 과정이 끝까지 진행된 상황을 다루는 것(Douglas Kellner 15-22면)이라고 할 수 있기 때문이다.

제임슨의 포스트모더니즘론이 우리의 관심을 끄는 이유는, 일차적으로 그것이 그의 비평의 내적 발전의 귀결이고 또 그런 만큼 그의 비평적 특성을 잘 보여준다는 점 때문이다. 또한 그의 포스트모더니즘론은 포스트모더니즘을 일방적으로 부정하거나 긍정하는 단순한 태도를 넘어서서, 그것을 진지하게 사유할 필요성을 느끼는 우리들에게 여타의 포스트모더니즘 옹호론자나 비판론자들의 이론보다 훨씬 책임 있는 논의로 보이기도 한다. 예컨대 미국 학계에서 포스트모더니즘을 부정적으로 평가하는 대표적 학자로 우리는 그라프(Gerald Graff)를 꼽을 수 있을 것이고, 바람직한 현상이라고 옹호하는 학자로는 피들러(Leslie A. Fiedler)를 꼽을 수 있을 것이다. 그러나 이들의 경우에는 포스트모더니즘을 비판적으로 보느냐, 긍정적으로 보느냐 하는 차이 이상으로 그리고 모더니즘과 포스트모더니즘의 관계를 연속으로 보느냐, 단절로 보느냐 하는 차이 이상으로 공통적인 문제점을 내포하고 있는 듯하다. 좀 더 구체적으로 지적하자면 이들의 논의에서는 포스트모더니즘 문학을 자본주의적 근대와 관련하여 역사적으로 사고하는 엄밀성이 부족하고, 현상적 기술에 치중하여 대상에 대한 거리를 확보하지 못하고 있기 때문에, 비판론이든 옹호론이든(특히 후자의 경우에는) 그 자체가 대상에 대한 설명이 아니라 그것이 설명을 시도하는 대상인 포스트모더니즘의 일부로 편입되는 역설이 나타나는 것이다. 이에 비해 제임슨이 수행하는 작업은 포스트모더니즘을 "타락의 최종적 징후"로 보고 그것을 거부하거나 포스트모더니즘을 "기술공학적이고 기술전문관료적인 새로운 유토피아의 선구자"로 보고 환영하는 게 아니라, “후기자본주의 체제의 사회구조가 다시 짜여지면서 문화 자체의 전반적 변형이라는 작업가설 내에서 새로운 문화적인 산물을 평가하는 일”(Jameson 1991. 62면)이기 때문에 주목에 값한다.

제임슨이 포스트모더니즘이라는 개념을 본격적으로 사용하기 시작한 것은 80년대에 들어서이다.6) 수지하다시피 미국에서 포스트모더니즘이라는 것이 문학 부분의 논의를 — 고갈의 문학론(Literature of Exhaustion) 등 — 통해 문화예술 분야에 처음 등장한 때는 50년대 말, 60년대 초의 일이다. 여기서 우리의 관심을 요하는 문제는 포스트모더니즘적 현상이 20여년 동안 존재해왔음에도 불구하고, 제임슨이 60, 70년대에는 별다른 대응을 않고 있다가 80년대에 들어서야 대응할 필요성을 느끼게 된 연유에 대한 것이다. 그 이유가 뭔지는 분명치 않지만 짐작컨대, 70년대 후반 이후 보드리야르(Jean Baudrillard), 리오따르(Jean-François Lyotard)의 주요저작이 출판되면서 포스트모더니즘이 문화예술 분야에 국한되지 않고 철학 내지 사회경제 분야를 포괄하는 논의로 확산되고, 지역적으로도 미국에 국한된 현상에서 국제적인 현상으로 변화함에 따라, 제임슨으로서도 이들에 의해 새로이 구축된 지형에 본격적으로 대응할 필요성을 느끼게 되었으리라는 점을 꼽을 수 있을지 모르겠다.

---

6) 필자가 확인한 바로는, 제임슨이 “문화적으로 새로운 형식적 특성의 출현과 새로운 유형의 사회적 삶 및 새로운 경제질서의 출현”(1983. 113면)을 서로 연결해서 사고하는 시대구분 개념으로 포스트모더니즘이라는 용어를 처음 사용한 것은 1982년의 휘트니 미술관(Whitney Museum) 강연을 정리한 글인 「포스트모더니즘과 소비사회」(“Postmodernism and Consumer Society”)이다. 그 이전에 ‘브레히트(Brecht)-루카치(Lukács) 논쟁’을 정리한 「결론적 성찰」(“Reflections in Conclusion”)이라는 1977년의 글에, 가운데 하이픈(-)을 넣은 ‘포스트-모더니즘’(post-modernism)이라는 용어가 등장하긴 하지만(211면) 그때는 이 용어가 1982년의 글에서처럼 엄밀한 학적 개념으로 사용되었던 것 같지 않다.

제임슨의 포스트모더니즘론은 보드리야르와 리오따르가 묘사하는 현대사회의 모습에 대한 비판적 고찰일 뿐 아니라 이들의 논의에 비해 훨씬 분명한 면이 있다. 보드리야르의 기술결정론이 내포하는 비관적 역사관에 대해서는 따로 거론하지 않더라도(반성완·도정일 외 37-41면), 리오따르의 포스트모더니즘론은 그것이 최신단계의 자본주의에 대한 비판을 표방하면서도 논의 전개의 내적 비일관성으로 인해 포스트모던 상황에 대한 근본적 도전에 훨씬 미달한다는 문제점을 보여준다. 거대서사에 대한 선호나 총체성의 추구가 정치적 현실로는 나찌즘이나 스딸린주의 같은 전체주의를 낳았다는 인식이 리오따르로 하여금 “총체성에 대한 전쟁”(82면)를 선포하도록 유도했지만, 거대서사를 비판하는 그 자신의 작업 자체가 모종의 이론화에 의지할 수밖에 없었다는 역설은 이미 누차 지적된 대로이다(Roy Boyne and Ali Rattansi 39-41면). 리오따르의 포스트모더니즘관이 지닌 최대의 문제점은, 필자가 보기에 그것이 초역사적인 개념이라는 데서 찾을 수 있을 듯하다. 그는 「포스트모더니즘이란 무엇인가라는 질문에 대한 답변」(“Answering the Question: What Is Postmodernism?”)에서 “그것[포스트모던 — 인용자]은 의심할 나위 없이 모던의 일부이다. … 어떤 한 작품은 그것이 먼저 포스트모던한 뒤에만 모던이 될 수 있다. 이렇게 이해한 포스트모더니즘은 종말에 도달한 모더니즘이 아니라 발생기에 있는 모더니즘이며, 이 상태는 항구적인 것이다”(79면)라고 주장한다. 리오따르에 따르자면 포스트모더니즘은 모더니즘에 후속하는 것이라는 최소한의 시간성도 지니지 못한 채 끝없이 반복하는 순환의 한 계기에 불과한 것이 될 뿐 아니라 모더니즘이든 포스트모더니즘이든 시대구분과는 무관한 개념이 되고 마는 것이다.

보드리야르나 리오따르의 입장을 특징짓는 것 중의 하나로, 노동과 자본을 중심으로 사회현실을 설명하는 방법이 오늘날에는 더 이상 적합하지 않다는 생각을 꼽을 수 있다. 노동이든 자본이든 그것이 기호에 불과한 한 노자간의 대립은 성립하는 것 자체가 불가능해지며, 계급투쟁을 중심으로 역사발전을 설명하는 맑시즘 역시 그것이 거대서사인 한 우리를 억압하는 데 기여할 뿐이라는 것이다. 맑시즘에 대한 거부는 원래 '이데올로기의 종언'이라는 명제를 통해 벨(Daniel Bell)이 주장했던 내용이다. 벨은 이 명제를 후에 '탈산업사회론'으로 발전시키지만, 탈산업사회라고 잘못 칭해지는 현금의 후기자본주의는 이제까지 자본에 대한 저항진지의 역할을 하던 자연과 무의식마저 자본에 의해 식민화되는 현실을 보여주는 것(Jameson 1991. 36면)이며, 포스트모더니즘이 표현하는 현실인 다국적 자본주의가 맑스의 분석대상이었던 고전적 유형의 국민적 자본주의보다 "더욱 순수한 자본주의"(같은 글 같은 면)인 한, 맑시즘의 문제틀은 오늘날에도 여전히 유효한 면이 있다. 사실, 탈산업사회론이라는 것은 공업생산의 우위성과 계급투쟁의 편재성에 기초한 고전적 자본주의의 법칙이 탈산업사회, 정보사회, 매체사회, 소비사회인 오늘날에는 통하지 않게 되었으며, 현금의 생산은 이윤이 아니라 지식에 의해 지배된다는 주장인바, 우리로서는 캘리니코스(Alex Callinicos)의 논증을 좇아(1989. 121-27면) 선진경제의 제조업 감소는 과장된 수치이며 전지구적 규모에서 산업노동계급은 팽창하고 있다고 반박할 수도 있겠다. 탈산업사회론이 안고 있는 보다 심각한 문제는 이것이 모든 산업사회가 나아가는 최종적 단계로 미국 같은 '탈산업' '탈공업' 사회를 미리 상정해놓고 있다는 점을 들 수 있다. 벨의 논의에서 "미국은 그것이 포함돼 있는 세계체제에서 분리된 채 다루어지고 있으며, 미국의 상황은 모든 산업사회들이 나아가는 최종상태로 목적론적으로 설정되어있는 것"(Callinicos 1990. 102면)이다. 벨과 비교해서 제임슨이 돋보이는 점은, 자본주의의 현단계가 이전 단계에 비해 새로운 것임을 인정하는 식으로 어제와 비교하여 오늘이 지니는 새로움에는 그것대로 주목하면서도, '오늘의 새로움'에 무한정 현혹되지 않고 맑시즘의 전통 속에서 그것을 해석해내려고 하는 지적 성실성과 끈기라고 할 것이다.

앞서 지적한 대로 제임슨의 포스트모더니즘은 문화적인 용어에 그치는 것이 아니다. 제임슨은 영상, 회화, 문학 등에서 일어난 문화의 변화는 그 저변에 놓인 사물 자체의 심대한 변화를 표현하고 있다는 믿음에 근거해서, 자본주의의 제3단계에 해당하는 오늘날에 문화뿐 아니라 사회, 경제 등 전부분에 걸쳐 일어난 전반적인 변화를 지칭하는 개념으로 포스트모더니즘이라는 용어를 사용한다. 여기서 제임슨의 유명한 3단계론을 살펴볼 필요성이 대두한다.

자본주의 발전단계를 설명하기 위해 제임슨이 원용하는 모델은 알려져 있다시피 만델(Ernest Mandel)이 『후기자본주의』*(Late Capitalism)*에서 시도하는 시대구분법이다. 즉 18세기 말의 산업혁명 이래 자본주의는 세 차례의 기술적 발전을 겪었는바, 각 시점은 기계의 생산이 증기의 힘에 의존하는 1848년, 전기와 연소기관에 의존하는 1890년대, 그리고 전자 및 핵동력 장치에 의지하는 1940년대라는 것이다. 각 단계는 시장자본주의, 독점자본주의 또는 고전적제국주의, 그리고 현금의 다국적자본주의를 의미하며 자본주의의 세 단계에 대응하는 문화나 의식의 형태는 각각 사실주의(realism), 모더니즘, 그리고 포스트모더니즘이다(Jameson 1991. 35-36면). 그러나 모더니즘이 "전도된 사실주의"(Jameson 1992. 6면)는 아니며 포스트모더니즘도 “무화된 모더니즘”(같은 글 같은 면)은 아닌데, 이것은 시대구분 작업이 직선적이거나 진화적인 전개를 상정하는 것이 아닐 뿐 아니라 특정한 한 단계에는 다른 단계에 속하는 요소들이 병존하는 법이기 때문이다. 예컨대, 포스트모더니즘이 지배소(the dominant)로 기능하는 단계라 해도 사실주의적 요소와 모더니즘적 요소가 완전히 없어지는 것은 아니라는 것이다.

제임슨의 3단계론에서 우리가 주목하려는 문제는 포스트모더니즘을 모더니즘과 별개의 단계로 설정하는 시대구분의 과학성 내지 실천적 함의에 대한 것이다. 포스트모더니즘 시대의 온갖 현상을 맑시즘의 틀 속에서 해명하고자 하는 제임슨의 문제의식이 의미를 지니기 위해서는, 무엇보다도 먼저 포스트모더니즘이 이전 단계와 질적으로 상이한 새로운 단계임이 분명해져야 하기 때문이다. 모더니즘/포스트모더니즘 단절론이라고 칭할 수 있는 이 문제를 검토하는 데 있어, 모더니즘과 포스트모더니즘 양자의 구성상의 특징 및 자본주의 시대구분이라는 각도에서 문제에 접근하는 것이 제임슨의 의도에 충실한 길임은 자명하다. 우선 포스트모더니즘의 구성적 특징에 대해 살펴보자.

제임슨은 모더니즘에 비할 때 포스트모더니즘이 지니는 두드러진 특징으로 “새로운 종류의 평면성이나 깊이 없음, 그리고 문자 그대로의 의미에서 새로운 종류의 피상성의 출현”(1991. 9면)을 꼽는다. 이런 특색을 그는 고호(Van Gogh)의 농사꾼 신발 그림과 워홀(Andy Warhol)의 「다이아몬드 가루 신발」(“Diamond Dust Shoes”) 그림을 비교하면서 설명하며, 포스트모더니즘이 거부하는 깊이의 모델로는 안과 바깥의 해석학적 모델, 본질과 현상의 변증법적 모델, 잠재와 현현 또는 억압의 프로이트적 모델, 진정성과 비진정성의 실존주의적 모델, 그리고 기표와 기의의 기호학적 모델을 열거한다(1991. 12면). 포스트모더니즘의 또다른 특징은 주체의 소외가 아닌 그것의 파편화이다. 이제 불안이나 소외를 느낄 주체 자체가 해체되어 버렸다는 것이다. 고전적 자본주의와 핵가족의 시대에 존재하던 부르주아적 단자, 중심화된 주체가 해체되고 탈중심화되면서 정신병리의 종말, 정서의 퇴조, 독특하고 개인적인 것이라는 의미에서 스타일의 종말 등이 후속하며, 주체의 소멸 및 그에 이은 개인적 스타일의 퇴조는 표현에도 변화를 초래하여 혼성모방(pastiche)의 실천을 낳는다고 한다. 혼성모방은 패러디가 상정하는 "정상적 언어, 일상적 언어, 그리고 언어적 규범의 존재"(1983. 114면)를 부정하는 것으로, 혼성모방이 보편화된 포스트모더니즘 시대에 오면 패러디의 풍자적 긴장감과 건강하고 정상적인 형태에 대한 희구는 사라지게 된다. 독특하고 개성적인 것으로서의 스타일에 대한 모더니즘의 이데올로기가 붕괴하자 문화생산자들은 과거에 의존할 수밖에 없게 되고 그에 따라 '역사주의'라고 칭할 만한 것이 대두하지만, 이때의 역사주의는 향수영화(nostalgia film)가 보여주듯 과거라는 이미지를 통해 '과거성'을 전달하는 것이지 과거를 현재의 전단계로 인식하고 그 과거에 진지하게 접근하는 것은 아니다. 제임슨에 의하면 향수영화는 "역사성의 퇴조, 즉 우리가 역사를 모종의 능동적인 방식으로 경험할 수 있는 가능성의 퇴조를 보여주는 증상"(1991. 21면)이자 우리가 현재에 집중할 수 없을 뿐 아니라 시간과 역사를 다룰 수 없게 된 상황을 보여주는 것이 된다(1983. 117면). 제임슨은 「후기 자본주의의 문화적 논리」("The Cultural Logic of Late Capitalism")라는 글에서 이제까지 열거한 포스트모더니즘의 특징 외에도, 라깡(Jacques Lacan)이 말한 정신분열증(schizophrenia),

즉 의미부여 사슬의 붕괴에 따라 순수한 기표만이 부유하고 개인사에서도 자기 경험의 과거, 현재, 미래를 통합할 수 없게 된 점 및 재현이 불가능해졌다는 느낌이 불러일으키는 '히스테리성 숭고미'(hysterical sublime)(1991. 34면) 등을 강조한다.

그러면 포스트모더니즘의 구성적 특징은, 모더니즘의 엘리뜨주의에 반발한 그 자신의 출발점을 끝까지 살려서 진정으로 대중적이고 민주적인 가능성을 담보하는 것인가. 포스트모더니즘의 특징으로 흔히 꼽히는 것 중의 하나에 미학적 대중주의(aesthetic populism)라는 것이 있다. 이 대중주의는 건축에서 잘 드러나는데, 본격 모더니즘에서 고급문화와 대중문화 또는 상업문화 사이에 설정했던 경계선이 말소되면서 문화산업의 형식, 범주, 내용과 결부된 새로운 종류의 텍스트가 출현한다는 것이다(Jameson 1991. 2-3면). 제임슨이 웨스틴 보나벤처 호텔(Westin Bonaventure Hotel)에 대한 고찰에서(1991. 38-45면) 살펴보고자하는 바가 포스트모더니즘의 대중적 속성이 축조된 공간에서 실현되는 양상을 점검하는 일이다. 이 건물은 본격 모더니즘의 명작이나 기념물과 달리 주변도시의 상업적 환경에 저항하지도 않으며 그것을 유토피아적으로 변화시키려고 하지도 않는다. 한 걸음 더 나아가, 보나벤처 호텔은 도시의 한 부분이 되기보다는 도시의 대치물이 되어서 "하나의 총체적 공간, 완벽한 세계, 일종의 소도시"(1991. 40면)가 되고자 하는 것이고, 공간상의 이러한 변화는 "개별 인간의 몸뚱이가 스스로의 위치를 찾고 ... 지도로 그릴 만한 외부세계에 그 위치를 인식적으로 지도 그리는 능력"(1991. 44면)을 지니지 못하게 되었다는 의미를 띠는 것이다. 제임슨이 '일종의 소도시'를 지향하는 포스트모던 건축의 속성을 긍정적으로 보고 있는 것은 아니다. 그러나 제임슨이 보나벤처 호텔이 나타내는 대중주의적 측면에 대해 충분한 경계심을 품고 있는가의 문제로 오면 대답은 회의적일 수밖에 없다. 데이비스(Mike Davis)의 지적대로(110-13면) 포스트모더니즘 건물은 착취가 진행되는 건물 밖의 현실을 체계적으로 차단함으로써 오히려 모더니즘 시대의 건축물들의 분리구조를 더 거대하게 확대한 것인데, 삶의 현실과 분리된 이런 구조물에 대해 대중적 성격 운운하는 것은 납득하기 어렵다. 포스트모더니즘의 대중주의에 대한 우리의 회의적 시각은 그것이 대중에 의한 자발적인 문화와는 거리가 멀다는 인식에서 비롯한다. "포스트모더니즘 문화의 대중성은 진정으로 민중의 주체성과 개개인의 창조성을 존중하는 대중성이기보다 모더니즘의 고급문화를 일부 흡수해서 활력을 더한 새 차원의 상업문화이며, 그 다양성이라는 것도 자본의 다국적화·전지구화에 조응하는 한정된 다양화지 살아있는 민족문화들의 공생과 창조적 상호작용을 보장하는 진정한 다양성은 못되는 것"(백낙청 1991. 103면)이기 때문이다.

제임슨이 포스트모더니즘을 독자적인 단계로 구분하는 취지는, 맑스가 자본주의의 발전을 긍정적인 것이면서 부정적인 것으로 생각해서 자본주의 지양의 싹을 그 내부로부터 찾아내었듯이, 후기 자본주의의 문화적 전개 역시 파국 겸 진보로 변증법적으로 파악할 필요성이 있다는 생각 때문이다(1991. 47면). 그러나 포스트모더니즘이 역사성의 퇴조라는 면에서 부정적인 것이고 그 대중성에 대해서도 다분히 회의적인 판단을 내릴 수밖에 없는 것이라면, 포스트모더니즘이 표현하는 진보의 내용이 무엇인지 짐작하기 어렵다. 제임슨 자신의 글에서도 포스트모더니즘을 파국 겸 진보로 생각해야 한다는 언명만 있을 따름이지, 진보의 구체적 내용을 채우는 부분도 파국과 진보를 구분할 기준에 대한 제시도 없기 때문에, 이 언명은 당위적 선언에 그치는 감이 짙다. 포스트모더니즘의 긍정적 측면으로 제임슨이 제시하는 다른 하나는 그것의 민주화 내지 평민화에 대한 것인데, 민주화나 평민화의 실체에 대해서도 긍정적으로만 평가하기는 어려울 듯하다. 예컨대 포스트모더니즘 시대에 와서 모더니즘의 고전이 대학의 독서목록에 편입되는 현상이 민주적이고 평민적인 속성을 지닌 대중적 압력에 의해 일어나지만, 이 '제도권 진입'은 제임슨도 지적하듯이(1991. 313-14면) 그 고전이 지니고 있는 폭발성 뇌관을 제거한 채 이루어진 일일 뿐 아니라 60년대 대학제도의 관료적 팽창과도 관계있는 일이기 때문이다.

아무튼 포스트모더니즘의 구성상의 특징으로 제임슨이 설명하는 사항들이, 그것이 반발한 내용을 사후적으로 확정하기 위해 모더니즘적 요소가 무엇인지를 '역구성'(back-formation)(Steven Connor 105면)을 통해 재확정한 결과는 아니라는 사실이 그의 설명에 설득력을 더해주는 것만은 분명하다.7) 이러한 점은 포스트모더니즘의 특징이 모더니즘의 구성적 특징과 내용상으로는 대동소이할 수 있다는 사실을 그가 인정하는 부분(1983. 123면; 1992. 160면)을 보더라도 확인된다. 그러나 모더니즘과 포스트모더니즘의 어떤 요소(혼성모방이나 정신분열증 같은 요소)가 내용상으로는 유사하다는 사실을 인정하는 대목에서 제임슨이 정작 하고자 하는 얘기는, 포스트모더니즘이라는 새 단계의 도래를 알려주는 중요한 지표는 그것

7) 필자가 보기에 하싼(Ihab Hassan)이 포스트모더니즘의 특징을 설명하기 위해 모더니즘의 특징으로 열거하는 내용은, 코너가 비판하는 '역구성'을 통해 확정한 예에 해당하는 듯하다. 하싼이 「포스트모더니즘의 개념 정의를 위하여」("Toward a Concept of Postmodernism")라는 글에서 모더니즘과 포스트모더니즘의 차이를 33항목에 걸쳐서 설명하는 대비표(91-92면)를 보라.

을 구성하는 특징 자체의 변화가 아니라 그 요소들이 재구성, 재조정된다는 사실이라는 것인 만큼, 그 점을 살펴볼 필요가 있겠다. 사족 같이 덧붙이자면 모더니즘의 특징으로 루카치가 꼽는 "평면성"이나 "깊이 없음" 등(9-12면)을 근거로 하여, 제임슨이 포스트모더니즘의 특징으로 열거하는 것이 사실은 모더니즘의 특징이고, 두 단계 사이에는 아무런 본질적인 차이도 없는 법이라고 반박하는 것은 — 예의 '단절론'을 비판적으로 다시 생각해보도록 촉구하는 장점에도 불구하고 — '새 단계설'을 주장하는 제임슨 논의의 핵심에 대한 비판에는 미달한다.

제임슨은 시대가 바뀐다고 해서 그 시대를 대표하는 구성요소가 완전히 바뀌는 것은 아니라고 주장한다. "각 시대 사이의 근본적 단절은 일반적으로 내용의 완전한 변화가 아니라 이미 주어진 요소 중에서 일정 요소들의 재구성을 포함한다"(1983. 123면)는 것이다. 즉 전시대에 부차적이고 주변적이었던 특징이 중심적인 특징으로 자리 잡는 변화가 일어났다면, 그것이 바로 새로운 시대의 도래를 알리는 징표라는 것이다. 또한 제임슨이 보기에는 포스트모더니즘의 특성이 모더니즘의 특성과 내용상으로 중복되기만 하는 것도 아니다. 예컨대 개성적 스타일이나 개성적 주체 같은 모더니즘의 특징이 포스트모더니즘 시대에서는 더 이상 통하지 않게 되는 변화를 인정할 수밖에 없다는 것이다. 사정이 이러한데도 포스트모더니즘을 모더니즘의 한 단계 정도로만 파악하는 것은 재래식의 모더니즘이 사회에서 차지하는 위치에 일어난 변화를 무시하는 소치이며, 60년대의 세대들이 전에는 반대파적이었던 모더니즘의 고전들을 "일단의 죽은 고전들"(Jameson 1991. 4면)로 간주하게 된 세태의 변전 역시 무시하는 소치라는 것이다.

포스트모더니즘 시대에 새로이 벌어진 일은 '문화의 폭발'이라고 칭할 만한 현상이다. 오늘날 자본주의가 구성되고 재생산되는데, 매체, 광고, 이미지, 일상생활의 미학화 등의 문화현상이 수행하는 막중한 역할은, 관심을 가진 사람 누구에게나 분명히 보이는 현상이라고 할 것이다. 겉보기에 좀 더 새롭게 보이는 상품생산이 중요하게 된 포스트모더니즘 시대에는 미학적 갱신이나 실험에서 유래하는 스타일상의 변화가 상품 판매에 결정적인 요소로 자리잡게 되고, 미적 생산과 상품생산을 구분하는 일 자체가 불가능해진다. 워홀은 "사업에서 성공하는 것이 가장 환상적인 종류의 예술이다"(Callinicos 1989. 155면에서 재인용)라고 선언하기도 하였다. 이제, 독일 고전철학 이래 모더니즘까지만 해도 자본의 존재 외곽에 위치해서 자본을 비판하고 그것에 저항하는 준거점으로서의 기능을 담당하던 문화가 자본과 분리할 수 없도록 결합된 것이다. 제임슨의 논의에서 주목할 만한 바는, 문화의 독자적 영역이라고 내세울게 없어진 이 현상을 문화의 소멸이 아니라 경제적, 정치적, 심리적 차원 등 모든 것이 문화적이 되는 문화영역의 확장이라고 설명한다는 점이다. "우리는 문화의 자율적 영역의 해체를 오히려 폭발이라는 각도에서, 즉 경제적 가치와 국가권력에서 제 실천과 심리의 구조 자체에 이르기까지 사회생활의 모든 면면이 모종의 독창적이지만 아직 이론화되지 않은 의미에서 이미 '문화적'인 것이 되었다고 말할 수 있을 정도로, 전 사회영역에 걸쳐 문화가 엄청나게 팽창했다는 각도에서 생각해야 한다는 사실을 긍정할 수밖에 없게 된다"(1991. 48면)는 것이다. 제임슨이 포스트모더니즘이라는 낱말로 문화적 현상뿐 아니라 사회경제적, 철학적 현상을 두루 지칭하는 기본 이유가 바로 '문화의 폭발'에 주목했기 때문일 터이다.

제임슨의 논리에 의하면 모더니즘적 요소가 포스트모더니즘에서도 발견된다는 사실 자체가 모더니즘과 포스트모더니즘의 질적 차별성을 거론하지 못하게 만들 이유는 조금도 없다. 제임슨의 얘기는 포스트모더니즘을 후기자본주의의 문화적 지배소로 파악해야 한다는 것인바, 지배소라는 개념 자체가 "일련의 매우 상이하지만 부차적인 특징들의 존재와 병존을 허용하는 개념"(1991. 4면)일 뿐 아니라 특정 시대에 대규모의 동질성을 상정하는 오해 및 각 시대 사이에 엄격한 연대기적 단절을 예상하거나 소망하는 오해를 막아주는 것이기 때문이다(1992. 203면). 『포스트모더니즘, 또는 후기자본주의의 문화적 논리』*(Postmodernism, or, The Cultural Logic of Late Capitalism)*라는 저작에서, 모더니즘/포스트모더니즘 단절론을 입증하는 주요한 근거로 관류하는 논리는 양질변화의 논리이다. 즉, 자본주의의 성립 이후 지금까지의 역사는 사물화나 합리화가 점차 고도화되는 역사인데, 사물화의 심화가 어느 시점에 접어들면 이전 단계와는 전혀 다른 새로운 '질'을 생기게 한다는 것이다. 제임슨은 언어의 측면에서 사물화의 심화가 낳는 양질변화를 "일종의 우화"로 소개하고 있다(1991. 95-96면). 즉 사실주의의 시기는 기호와 지시대상의 관계가 문제시되지 않던 시기인데, 사물화가 진행되면서 기호와 지시대상이 분리되고 기호에 일종의 자율성이 부여되는 모더니즘의 시기가 성립한다고 한다. 모더니즘의 시기는 그래도 지시대상, 객관세계, 현실이 희미하게나마 남아있던 시대인 반면, 근대화가 완성되고 사물화가 진행될 대로 진행되면서 지시대상과 현실이 완전히 사라져버리게 되는 시대가 사물화를 추동하는 자본의 논리에 의해 도래한다는 것이다. 포스트모더니즘 시대라고 칭해지는 이 단계에 오면 기표와 기표 사이의 유희만이 남게 되며, “기표의 시대”(1992. 162면)에서는 사물과 개념을 서로 구별하는 것은 불가능해질 뿐 아니라 개념이 사물로 행세하고 원래의 사물은 오히려 그러한 개념에 대한 이미지로 화하는 역전이 일어난다고 한다.

그러나 포스트모더니즘이 근대화 과정이 완성된 시대의 문화논리라는 주장(Jameson 1991. ix면, 309-10면, 405-06면)과 포스트모더니즘은 순수하고 균질한 것이 아니라는 주장, 즉 포스트모더니즘에도 모더니즘이 잔재소로 공존하고 있다는 주장(Jameson 1991. xii면, xvi면, 159면, 406면, 427면의 주 33) 사이에는 모순이 있는 듯하다. 이처럼 두 주장이 양립불가능하다는 인식은 우리에게 제임슨이 내세우는 ‘단절론’을 다시 생각해볼 단초를 제공한다. 이런 의문은 기본적으로 근대화가 갈 데까지 진행되어 그것이 완성된 단계가 포스트모더니즘이라면 이 단계에서는 전근대적 잔재가 남아있기도 어려운 것이 아니겠는가 하는 소박한 생각에서 비롯하는데, ‘단절론’을 이왕 다룰 바에야 그의 사실주의, 모더니즘, 포스트모더니즘 3단계론을 재론하는 것이 좋겠다. 앞서 약술했던 3단계론은 그의 1984년 논문인 「포스트모더니즘, 또는 후기자본주의의 문화적 논리」라는 글에 나오는 내용이고, 제임슨의 이후 글(“Surrealism Without the Unconscious” “Secondary Elaborations” “The Existence of Italy” 등)에서는 시대구분의 기점 문제 등이 좀 더 분명하게 정리되고 달라지는 면이 있기 때문이다.[8]

8) 제임슨의 「포스트모더니즘, 또는 후기자본주의의 문화적 논리」라는 글은 포스트모더니즘을 하나의 스타일이 아니라 역사적인 개념으로 정식화한 이 분야의 고전적 논문이다. 이 글과 동일한 제목을 달고 출판된 저작(1991)에서는 포스트모더니즘적 현상을 문화뿐 아니라 사회, 경제, 철학, 심리 등 전부분에 걸쳐서 살펴보고 있는데, 1984년의 글은 「후기자본주의의 문화적 논리」라는 제목으로 이 저작의 제1장에 수록되어 있다.

사실주의가 지배소로 기능하던 시대에 대한 설명부터 다루는 것이 순서일 듯하다. 우선 두드러지는 사항은 사실주의의 시작이 1848년에서 자본주의의 발생기로 상향 조정된다는 점이다(1991. 95면; 1992. 156면, 163면). 이러한 '조정'은 자본주의의 발전단계에 맞춰 주체를 새롭게 기획하는 "자본주의 문화혁명"이라는 각도에서 사실주의, 모더니즘, 포스트모더니즘을 거론하는 제임슨 자신의 의도가 일관되게 관철된다는 의미에서 보나, 여기서는 사실주의라고 번역할 수밖에 없었지만 리얼리즘(realism)의 문제가 자본주의와 더불어 시작된 세계사적 근대의 핵심적 문제라고 생각하는 또다른 시각에서 보나 의미 있는 조정이라고 할 수 있다. 다만, 사실주의 시대에 대한 상론은 본고의 범위를 벗어나는 것이고 사실주의 내지 리얼리즘에 대한 제임슨의 설명을 필자가 완전히 이해하는 것도 아니므로 이 문제를 더 이상 거론할 수는 없겠다.9)

사실주의 단계를 지나서 모더니즘과 포스트모더니즘의 시대구분 문제나, 이 둘이 단절이냐 연속이냐의 문제로 오면 상황은 한층 더 복잡해진다. 모더니즘과 포스트모더니즘의 기점 문제만 해도 제임슨이 항상 오락가락하는 사항 중의 하나이다. 「후기자본주의의 문화적 논리」라는 글의 첫머리에는 포스트모더니즘의 존재에

9) 리얼리즘의 시각에서 사실주의에 대한 제임슨의 설명이 지니는 문제점을 비판한 대표적인 예로는 백낙청 교수의 글(1985. 459-63면; 1993. 19면의 주 7 및 74-75면)을 — 제임슨의 사실주의관 내지 리얼리즘관을 제대로 검토하려면 별도의 작업이 필요하다는 백 교수 자신의 '고백'을 인정하면서도 — 들 수 있다. 덧붙여 말하자면 백 교수는 제임슨의 '단절론'이 탈산업사회론 같이 무리한 일반화에 의존하는 것은 아니지만, 그 "자신이 비판하는 탈산업사회론자나 포스트맑시스트들처럼 우리 당대의 새로움을 과장하는 결과가 된다"(1993. 18-19면)는 이유로 '단절론'에 대해 비판적이다. 이 글도 제임슨의 모더니즘/포스트모더니즘 단절론은, 현대세계에 대한 무리한 일반화에 입각해있다고 보는 점에서 백 교수의 논지를 따르고 있다.

대한 주장이 1950년대 말이나 60년대 초로 거슬러 올라가는 단절의 시점을 가정한다는 발언에 이어서, 이러한 단절은 "백년에 걸친 모던 운동의 쇠퇴나 근절이라는 관념"(1991. 1면)과 연결된다는 주장이 이어진다. 시초의 이 주장에 의하면 모더니즘은 대략 19세기 중엽부터 20세기의 50, 60년대까지에 걸쳐있는 운동이 되며, 포스트모더니즘은 그 이후에 시작하는 것이 된다. 모더니즘의 기점이 19세기 중엽이냐, 19세기 말이냐 하는 것이 아무래도 좋은 문제는 아닐 텐데도, 기점을 둘러싼 흔들림은 그 자신이 "사실주의, 모더니즘, 포스트모더니즘의 변증법에 대한 가장 일관된 이야기"(1992. 6면)라고 밝힌 「이탈리아의 존재」("The Existence of Italy")에서도 정리되지 않은 채 반복된다. 이 글에서 제임슨은 "보들레르 또는 세기말과 더불어 '모더니티'의 출범"(156면) 운운하는데, 기점 문제의 혼란은 여전히 정리되지 않고 있는 느낌이다. 모더니즘의 기점을 둘러싼 문제가 일으킬 수 있는 논란은 포스트모더니즘의 기점 문제에 대해서도 마찬가지이다. 즉, 제임슨은 포스트모더니즘의 기점을 2차세계대전 이후로 잡을 것인지(1991. 35-6면), 1960년대로 잡을 것인지(1988. 207면)를 놓고 부단히 동요하는 것이다. 시대구분의 기점을 확정하는 문제가 손쉬운 문제는 결코 아니겠지만, 우리가 기점 문제를 중시하는 까닭은 이것이 한 개인이 마음대로 정해도 좋을 만큼 간단한 문제는 아니라고 믿기 때문이다. 제임슨 자신도 자기가 시대구분 문제를 거론하는 취지에 대해 그것은 역사 속에서 현재를 살펴봄으로써 현재에 대한 비판적 거리를 확보하기 위함이라고 설명하는데, 시대구분의 기점이 역사적으로 해명되지 않는 한, "역사 속에서 우리의 현재 시간을 생각해보는 진정으로 변증법적인 시도"(Jameson 1991. 46면)가 구체화되기는 정녕 어려울 것이다. 포스트모더니즘의 기점에 대한 혼란은 앞서 거론했던 「이탈리아의 존재」에 와도 여전하다. "보들레르 또는 세기말과 더불어 '모더니티'의 출범" 운운한 데 연이어서, "2차대전 이후에 그러나 좀 더 상세하게 말하자면 1960년대 이후로 모종의 탈근대적 문화논리의 출현"(156면)을 거론하는 것이다. 제임슨의 진의는, 바로 이 주장에서도 비치듯이 포스트모더니즘의 시점을 60년대로 잡는 데 놓여있는 듯하지만, '60년대 기점설'이 정작 그 자신이 원용하는 만델의 논리와도 상충한다는 점에서 비판을 자초하고 있다. 데이비스(106-08면)와 캘리니코스(1989. 132-33면)는, 만델의 시대구분에 충실하려면 60년대를 새로운 시대의 서막으로 볼 게 아니라 전후 다국적자본주의 경제호황의 정점으로 파악해야 할 것이라고 지적하면서, 제임슨의 단절론은 직관에 가깝지 "현대세계경제에 대한 경험적 탐구에서 비롯하는 추론"(Callinicos 1989. 133면)은 아니라고 못 박는다. 포스트모더니즘을 자본주의의 최후단계로 보는 것인지, 아니면 포스트모더니즘 이후에 또다른 제4단계가 올 수 있다는 것인지에 대해서도 제임슨의 태도는 불분명하다. 제임슨의 전체적 논조는, 포스트모더니즘 단계에서 드러나는 만물의 이미지화를 상품 물화의 최종형태로 규정하는 점(1991. 125면)을 보더라도 포스트모더니즘을 자본주의의 최종형태로 보는 입장에 가깝다. 그러나 포스트모더니즘을 "자본주의의 두 단계 사이의 이행기"(1991. 417면)로 규정하는 부분도 있어서 혼란이 가시지 않는다.

데이비스와 캘리니코스는 제임슨의 '60년대 기점설'에 반발하는 데서 한 걸음 더 나아가 포스트모더니즘을 자본주의의 제3단계로 규정하는 제임슨의 입론 자체를 비판한다. 데이비스는 로스앤젤레스 도심지역의 재개발사업을 예로 들며 "포스트모더니즘의 자본주의는 제임슨이 시사하듯 전자본주의 생산의 마지막 고립지를 제거하기는커녕, 도시형 착취의 가장 원시적 형태들을 뻔뻔스럽게 다시 불러들였다"(110면)고 비판한다. 캘리니코스 역시 포스트모더니즘이 모더니즘의 특징을 전유하는 면이나 소위 포스트모더니즘적이라고 칭해지는 회화·건축에 대한 그 나름의 설명을 통해 '단절론'을 비판하고, 경제적 수치를 구체적으로 열거하며 '새 단계론'을 반박한 다음에(각각 1989. 12-14면, 160면 및 132-44면), 68년의 정치적 환멸을 과잉소비주의로 해소하려드는 신중간층의 대두와 포스트모더니즘을 연결한다(1989. 162-71면). 데이비스와 캘리니코스를 통하지 않고 제임슨 자신의 논리만 추적하더라도 포스트모더니즘을 독자적 단계로 설정하는 입론에 대해서는 할 말이 많을 듯하다.

앞에서 언급했듯이 일차적으로 지적할 수 있는 사항은 예의 단절론이 포함하는 논리의 모순이나 논의의 비약이다. 모더니즘 시기가 "비동시적인 것의 동시성"(Jameson 1991. 307면)으로 설명될 만큼 과거의 잔재가 남아있던 시대라면, 포스트모더니즘 시기는 모더니즘의 업적을 기능케 한 종합국면이 2차대전 이후 소멸되면서 과거의 잔재가 완전히 사라져버린 시대이고, 그런 의미에서 "포스트모더니즘은 모더니즘 자체보다도 **더욱** 모던하다"(Jameson 1991. 310면. 강조는 제임슨)는 역설적 진술이 성립한다는 것이다. 그러나 이런 역설이 성립할 만큼 포스트모더니즘이 균질화되고 획일화된 공간을 구현한다는 진술과 포스트모더니즘은 구성적으로 순수하지 않은 것이며 사실주의와 모더니즘의 요소가 지속할 수밖에 없다는 주장 사이에는 화해하기 어려운 갈등이 존재한다. '새 단계설'을 내세우는 제임슨의 주장 내부에 갈등이 존재하는 까닭으로, 우리는 앞서 말한 양질변화 논리가 무리하게 적용된 점을 생각할 수 있을 듯하다. 즉 포스트모더니즘적 요소가 새로운 현실로 떠오르긴 했지만 새로운 현실의 존재가 곧바로 '질'적 전환을 의미하지는 않는데도, 제임슨이 단순한 양적 증가를 질적 차이로 과장했기 때문이 아닌가 하고 생각할 수 있다는 것이다. 질적 차이를 운위하려면 전시대의 잔재소 같은 것은 문제가 안 될 정도로 균질화가 진행되었어야 할 터인데, 모더니즘의 요소가 포스트모더니즘에서도 지속된다는 사실은 지배소 개념을 논할 때마다 제임슨 자신이 오히려 거듭거듭 강조하는 사항이다. 사실, 특정한 요소의 변화가 '양'적으로 얼마나 진행되어야 '질'적 전환을 거론할 수 있는가의 문제는 경험적 수치로써 결정될 성질이 아니다. 이 문제는 오히려 자본주의 지양이라는 실천적 관심과 연결해서 생각할 때만 문제제기의 의의도 살아나고 제임슨 자신의 문제의식에도 부합할 것이다. 예컨대 예술과 상품의 관계에 대한 모더니즘의 의식은 포스트모더니즘의 의식과 정반대되는 듯이 보인다. 즉 전자에서 예술의 상품화에 대한 저항의식이 두드러진다면 후자에서는 상품의 예술화를 노골적으로 추구하는 것이다. 그러나 이런 차이가 겉보기만큼 질적인 차이는 아니라는 것이 필자의 생각인데, 문화의 자율성 개념으로 도피하든 문화의 폭발 개념을 선포하든, 둘 다 자본의 논리에 따르는 사물화의 진행양상을 보여주는 것이지(Eagleton 139-47면) 그 논리에 대한 정면 대응과는 무관한 것이기 때문이다. 모더니즘이 예술의 상품화에 대해 최소한의 저항의식이나마 보인다면, 포스트모더니즘은 그 의식조차 포기했다는 면에서 한 걸음 더 나아간 형태이긴 하다. 그러나 이 차이를 두고 양질전환을 거론하고 모더니즘/포스트모더니즘 단절론을 운위하는 것이 — 포스트모더니즘과 자본주의의 제3단계를 연결해서 사고하려는 제임슨 자신의 노력과는 별개로 — 자본주의 자체의 연속성이라는 보다 큰 문제를 흐리게 할 소지가 있다면, 그것이 자본주의 극복에 무슨 보탬이 될는지 모를 일이다. 제임슨은 본격 모더니즘의 자율성은 "좀더 엄밀하게 말해서 반(半)자율성"(1992. 203면)이고, 문장이나 기표가 "진정한 자율성"(1992. 206면)을 확보하는 것은 포스트모더니즘에 와서라고 주장하기도 하는데, 질적 차이를 설정할 바에야 자율성 개념이 문젯거리로 대두하기 이전과 이후 사이가 적합한 것이지, 반자율성의 시기와 온전한 자율성의 시기 사이가 적합하지는 않을 것이다.

제임슨은 자본주의 문화의 3단계를 말하면서도 내심으로는 사실주의/모더니즘의 차이보다 모더니즘/포스트모더니즘의 차이를 더욱 크고 본질적인 차이로 생각하는 듯하다(백낙청 1993. 19면). 후자의 문제를 구성적 특징이라는 면에서 살펴보면, 앞서 지적했듯이 두 단계 사이에서 구성요소 자체가 변화한다는 사실보다 '문화의 폭발'이 새로 일어난다는 점이나 모더니즘적 요소가 재구성되고 재배치된다는 점을 중요한 근거로 들고 있다. 그러나 우리로서는 사실주의와 모더니즘 단계 사이에서야말로 오히려 구성요소 자체의 변화가 있는 것 아니냐는 반론을 펼 수도 있을 것이다. (이것은 물론 2단계와 3단계의 차이를 확대 해석하는 제임슨에게 굳이 가하려면 가할 수 있는 반론이라는 것이지, 1, 2단계의 일정한 공통점과 3단계의 일정한 새로움을 무시하자는 얘기는 아니다.)

제임슨이 포스트모더니즘과 관련해서 "자연의 근절"을 거론하는 부분(1991. ix-x면, 207면) 역시 지나친 일반화에 근거해 있는 듯하다. 제임슨이 자연이라는 낱말로 지칭하는 바는, 녹색혁명으로 파괴된 제3세계 농업이고 자본에 의해 식민화된 무의식·문화·예술 등의 분야이다(1991. 36면). 우선 유기체적인 전자본제 농촌이 지구상에서 흔적도 없이 정말 사라진 것인지의 문제는 손쉽게 단정해서 말할 수 성질의 것이 아니다. 그러나 마틴 제이(Martin Jay)처럼 허리케인의 피해자에게 자연의 근절을 말해보라고 반문하는 식으로 해서는(303-04면), 오히려 전혀 엉뚱한 얘기를 하고 있다는 역비판을 받을 소지가 있을 뿐 아니라 자연의 소멸을 내세우는 제임슨의 주장을 효과적으로 비판하기도 어려울 듯하다. 그렇다 하더라도 '자연의 근절' 운운이 미국적 현상을 전세계적으로 일반화시킨 것이라는 혐의를 벗기는 어렵다고 생각한다. 이는 제임슨이 '탈산업' 사회적 특성을 보여주는 미국 현실의 어떤 단면을 과도하게 일반화하여 세계사적 시대구분을 시도한 게 아니냐는 생각으로 연결된다. '새 단계설'이 과도한 일반화에 근거하고 있지 않느냐는 조심스런 의문은, 제임슨이 포스트모더니즘을 비판적으로 평가하는 하버마스(Habermas)의 논지를 독일적인 특수한 상황의 반영으로 젖혀두는 데서(1991. 58-59면) 더욱 증폭된다. 물론 독일이 선진국 내에서 다소 예외적인 위치에 있는 것은 사실이지만 — 통일 전의 독일이 제1세계에서 점하고 있던 '제3세계적' 상황이 통일 후에는 상당 정도 줄어든 느낌이다 — 독일 같이 자본주의가 발전한 나라마저 특수한 사례로 처리하는 논리라면, 제임슨의 포스트모더니즘론이 통할 수 있는 나라가 미국 이외에 어디 있을지 의문스럽기 그지없다.

제임슨은 연속이냐, 단절이냐 하는 문제는 경험적으로 정당화되거나 철학적으로 논증할 수 있는 문제가 아니라, 방법론적 선택의 문제이며 "시초의 서사 행위"라고 주장한다(1991. xiii면; 1992. 243면의 주 42). 요는 단절론이면 단절론을 택한 뒤 이후의 서술이 자본주의의 현단계를 해명하고 이것을 역사적으로 지양하는 데 얼마나 유용하느냐에 따라 판가름 날 문제라는 취지일 것이다. 제임슨의 포스트모더니즘론이 현재를 역사적으로 사고하고 현재와는 질적으로 다른 미래를 상상해보려는 그 나름의 지적 성실성과 독창성의 산물이라는 점을 부정하기는 어렵다. 그러나 자본주의 제3단계가 지니고 있는 억압적인 면과 해방적인 면에 공히 주목하여 대상의 내부로부터 극복의 단초를 찾으려는 변증법적 시도의 결과가 — 탈산업사회론자와 다른 전제와 방법을 갖고 출발했지만 **결과적으로는** 유사한 결론을 이끌어내는 식으로 해서 — 제임슨 자신이 말하는 탈근대적 현실과 자본주의의 관련성을 흐리게 하는 것이라면, 그 '시도'는 현재의 새로움을 과장하는 것이고 그럼으로써 "역사 속에서 우리의 현재 시간을 생각해보는 진정으로 변증법적인 시도"(Jameson 1991. 46면)에 훨씬 미달한다고 결론내릴 수밖에 없을 것이다.

인용문헌

반성완·도정일 외.「좌담: 포스트모더니즘의 이해를 위하여」.『포스트모더니즘의 쟁점』. 정정호·강내희 편. 서울: 터, 1991.

백낙청.「90년대 민족문학의 과제」.『창작과비평』. 71(1991 봄): 97-107.

_____.「모더니즘 논의에 덧붙여」.『민족문학과 세계문학II』. 서울: 창작과비평사, 1985.

_____.「문학과 예술에서의 근대성 문제」.『창작과비평』. 82(1993 겨울):7-32, 70-77.

Boyne, Roy and Ali Rattansi. "The Theory and Politics of Postmodernism: By Way of an Introduction." *Postmodernism and Society*. Ed. Roy Boyne and Ali Rattansi. Hampshire & London: Macmillan, 1990.

Callinicos, Alex. *Against Postmodernism: A Marxist Critique*. Cambridge: Polity P, 1989.

_____________. "Reactionary Postmodernism?" *Postmodernism and Society*. Ed. Roy Boyne and Ali Rattansi.

Connor, Steven. *Postmodernist Culture: An Introduction to Theories of the Contemporary*. Oxford: Basil Blackwell, 1989.

Davis, Mike. "Urban Renaissance and the Spirit of Postmodernism." *New Left Review* 151 (1985): 106-13.

Eagleton, Terry. "Capitalism, Modernism and Postmodernism." *Against the Grain: Essays 1975-1985*. London: Verso, 1986.

Hassan, Ihab. "Toward a Concept of Postmodernism." *The Postmodern Turn: Essays in Postmodern Theory and Culture*. Columbus: Ohio State UP, 1987.

Jameson, Fredric. *Marxism and Form: Twentieth-Century Dialectical Theories of Literature*. Princeton: Princeton UP, 1971.

_____________. "Periodizing the 60s." *The Ideologies of Theory: Essays* vol II. Minneapolis: U of Minnesota P, 1988.

_____________. "Postmodernism and Consumer Society." *The Anti-Aesthetic: Essays on Postmodern Culture*. Ed. Hal Foster. Washington: Bay P, 1983.

_____________. *Postmodernism, or, The Cultural Logic of Late Capitalism.* Durham: Duke UP, 1991.

_____________. "Reflections in Conclusion." *Aesthetics & Politics.* 1977; London: Verso, 1980.

_____________. *Signatures of the Visible.* New York & London: Routledge, 1992.

_____________. *The Political Unconscious: Narrative as a Socially Symbolic Act.* London: Methuen, 1981.

_____________. *The Prison-House of Language: A Critical Account of Structuralism and Russian Formalism.* Princeton: Princeton UP, 1972.

Jay, Martin. "Forum: Martin Jay and Jane Flax on *Postmodernism.*" *History and Theory* 32-3 (1993): 296-310.

Kellner, Douglas. "Jameson, Marxism, and Postmodernism". *Postmodernism/Jameson/Critique.* Ed. Douglas Kellner. Washington: Maisonneuve P, 1989.

Lukács, Georg. "Preface." *Writer and Critic and Other Essays.* Ed. and Trans. Arthur Kahn. London: Merlin P, 1978.

Lyotard, Jean-François. "Answering the Question: What Is Postmodernism?." Trans. Régis Durand. *The Postmodern Condition: A Report on Knowledge.* Minncapolis: U of Minnesota P, 1984.

문학 · 대중 · 자본주의

1. 기

편집자로부터 대중성 문제를 다뤄달라는 청탁의뢰서를 받고 보니 문단이나 독서시장의 추이에 둔감한 필자로서는 이 시대에 문학의 대중성이 새삼 화제로 대두하는 소이가 자연 궁금해진다. 돌이켜보면 근대 이후 독서대중의 저열한 감식안을 비판하는 우려의 소리가 그친 적이 없었고 대중적으로 성공한 작품을 대중과 영합한 저급문학이라느니 통속석이라느니 하여 무조건 그 의의를 낮춰보려는 시각 또한 꾸준히 존재했던 듯하다. 이와 반대로 대중성을 상업적 성공이라는 하나의 잣대로만 평가하는 시각도 주변에서 심심찮게 볼 수 있다. 이들은 대중적 성공을 회의적으로 대하는 비평가는 고급독자의 안목만을 유일하게 옳은 것으로 강변하는 치에 불과하며 이런 행태는 자신의 문학적 권위를 지키려는 패권주의적 발상에 닿아 있다고 목청을 높인다. 문학의 대중성을 논하는 자리가 독단주의와 대중추수주의라는 양 극단 중의 하나에 빠져들 위험성을 줄이려면, 논의 자체가 좀 더 현실과 밀착한 채 역사적이고 실천적인 관심 속에서 진행되어야 할 것인바, 예컨대 자본주의가 반(反)시적이고 반(反)예술적인 생산양식이라고 해도[10] 각 시기마다 달라지는 대중의 문화적 수준이나 그것과 일상적 삶 사이의 관계를 함께 고려해야 하는 것이다.

지금 여기에서 문학의 대중성 문제가 다시 부상한다면 거기에는 시장경제에서 문학이 지니는 존재조건으로 일반화할 수만은 없는 그 나름의 특수한 연유가 있을 것인즉, 생각해보면 그 '연유'를 나름대로 가늠해보는 일이 불가능한 것도 아니다. 오늘날 우리나라 독서시장의 규모는 이전과 비교할 수 없을 정도로 팽창해 있다. 이러한 현상이 인생과 세계에 대한 반성적 사고를 촉발시키는 훌륭한 작품이 많은 독자들에게 읽히기 때문이라면 더할 나위 없이 좋은 일이겠지만 현실이 꼭 그런 것 같지는 않다. 오히려 악화가 양화를 구축하는 상황이 벌어져서 이른바 장편대하소설의 범람이 대중으로부터 문학에 진지하게 접근할 기회를 박탈하고 있는 것이다. 대중의 진지한 독서가 장려되기는커녕 제도적으로 방해받는 사회에서 다시 대중의 문학적 향유능력은 타락하게 마련이고 그런 사회가 문학을 포함한 모든 진정한 문화에 적대적이리라는 점은 자명하다. 여기서 대중성의 문제를 다시 음미할 필요성이 절실해진다 할 것이다.

대중성이 최근에 재론되게 된 데에는 소위 '대중문학론'을 제출한 일군의 작가, 비평가의 존재를 무시할 수 없을 듯하다. 이들의 주장은 문학이 90년대의 변화한 상황에서 살아남기 위해서는 하나의 상품으로 적극적인 생존전략을 구사할 필요가 있다는 것인데, 이러한 주장이 처음 제기된 것은 이인화와 장정일의 대담 「

10) 맑스는 "자본주의 생산이 예를 들면 예술과 시와 같은 특정 분야의 정신적 생산에 적대적이다"고 지적한바 있다. Marx and Engels, *On Literature and Art* (Moscow: Progress, 1978), 141면.

UR시대의 문화논리」(『상상』1994년 봄호)를 통해서이다. 이 대담에서 이인화는 “저는 우리 문화가 몸을 낮추어 사회의 다른 영역들과 마찬가지로 대중적인 문화산업의 대세와 일정하게 타협하고, 그러는 가운데 우리 고유의 문화적 아이덴티티를 개발하여 국제화 시대에 살아남아야 하지 않을까 생각합니다. … 우리 고유의 논리와 문화를 상품화하지 않고는 전면적인 국제화시대의 무치별경쟁 속에 살아남을 수 없기 때문입니다”(55-56면)라고 주장한다. 진지하지만 읽는 이가 적은 ‘본격문학’보다 통속적이더라도 대중이 많이 찾는 ‘베스트쎌러’를 생산하는 것이 UR시대에 문학의 생존전략이라는 요지인데, 이것은 문학을 살리는 길인가, 결국엔 죽이는 길인가. 분명한 사실 하나는 이인화식의 논리에서는 대중이 좋은 작품을 찾아 읽도록 격려하려는 노력이 장려될 리 만무하고, 작품의 옥석을 가리고 질적 차이를 논하는 자세가 권장될 리 없다는 것이다. 시장에서 많이 팔리도록 애쓰는 것이 지금 당장 무엇보다 필요한 일이라고 할 때, 산술석으로 계산될 수 없는 가치와 질의 차이를 중시하는 문학과 수량적 계산을 절대시하는 자본주의 가치법칙 사이의 적대적 관계에 대한 의식은 어디론가 실종되어버리는 것이다.

문학예술의 대중성 문제를 생각하면 제일 먼저 떠오르는 사람이 — 필자가 서양문학 전공자여서 그런지 — 스페인 태생의 오르떼가(Ortega Y Gasset)다. 현대예술의 비대중성을 논한 「예술의 비인간화」라는 글에서 그는 과거의 예술이 처음에는 대중으로부터 호감을 받지 못하다가 차츰 대중의 이해를 받게 되었지만 “그에 반해 현대예술은 앞으로도 계속 대중의 반대를 받을 것이다. 그것은 본질적으로 비대중적일 뿐 아니라 한 걸음 더 나아가 반대중적이다”(*The Dehumanization of Art and Other Essays on Art, Culture, and Literature,*

Princeton UP 1968, 5면)라고 주장한다. 예술과 대중의 분리 내지 대립이라는 현상적 사실로부터 현대예술은 소수만이 이해하는 소수의 예술이 될 수밖에 없다고 주장하는 그의 논리전개에 필자가 공감하는 것은 아니지만, 획일화·상업화되어가는 환경에서 예술의 위상을 고민하는 진지한 자세를 엿볼 수 있기는 하다. 그에 반해 상품미학을 주창하는 이인화의 목소리에서는, 문학작품이 독서시장에서 '상품'으로 매매되기 시작한 이래 다른 모든 상품과 마찬가지로 하나의 상품으로 팔려야 하는 존재조건을 떨쳐버릴 수 없으면서도 상품으로 규정되는 자기 위치를 부정할 수밖에 없고, 이러한 부정의 긴장 속에서 인간 정신의 위대한 업적을 이루어낸 문학(인)의 고민을 찾아보기가 어렵다. 한 걸음 더 나아가, 대중성 문제를 다루면서 둘을 나란히 인용한다는 사실 자체가 이들이 안고 있는 문제의식의 출발이 대척적인 위치에 있는 것임에도 불구하고 지나치게 단순화해서 대조시키는 것이 아니냐는 비판을 받을 수도 있겠다.

하여간 '대중문학론'을 주장하는 최근의 글들[11]을 읽고 난 필자의 느낌은 대단히 씁쓸한 것이었다. 남이 공들여 썼을 글에 대해 부정적인 소감을 표할 수밖에 없어 나 자신도 유감이지만, 하나의 글이 갖추어야 할 최소한의 일관성조차 결여한 '물건'을 놓고는 무어라 할 말을 찾기 힘들다. 활자화된 글에서 자본에 투항하는 정신이 명시적으로 드러나 있음에도 불구하고 글 자체보다 글을 쓰게 된 취지와 배경, 그리고 "표현의 깊은 의미"(진형준, 186면)를 고려

11) 앞서 언급한 대담 외에 대략 다음과 같은 글들을 꼽을 수 있다. 김탁환, 「소설가의 자리」, 『상상』1994년 가을; 김탁환, 「독자의 왕국」, 『상상』 1994년 겨울; 류철균, 「근대문학의 엘리트 문화적 성격」, 『상상』 1994년 겨울; 진형준, 「문학의 대중성·상품성·전통성의 문제」, 『상상』 1995년 여름; 김탁환, 「비평의 운명」, 『상상』 1995년 겨울.

해달라는 어리광 내지 응석 앞에서는 어리둥절해질 따름이다. 남의 글을 읽는 묘미가 글쓴이의 논리를 따라가면서 새로운 사실을 알게 되는 즐거움에 못지않게 팽팽한 정신의 긴장을 공유하는 맛일 텐데, 이완된 게으른 정신이 달콤한 자본의 논리에 포섭되는 것은 너무나 자연스러운 일이다. 또한 필자는 이들이 부정적으로라도 남의 글에서 자주 언급되는 것을 즐기고 있다는 이상야릇한 느낌을 받았는데 그것은 빈번한 인용과 언급을 통해 "비평적 헤게모니"를 확보하고 "문학적 권력을 창출"하고자 하는 이들의 속셈과 무관하지 않을 것이다(권성우, 「현단계 비평의 쟁점과 젊은 비평의 가능성」, 『세계의문학』 1995년 겨울, 42-53면). 필자가 '대중문학론'의 세목을 차근차근 짚지 않고 전체적인 논지를 통거리로 묶어 처리한 것도 이들의 '노림수'에 빠지지 않으려는 나름의 계산이 작용한 탓이다. 이런 면에서 고미숙의 평문[12]은 더더욱 주목에 값하며 '대중

12) '대중문학론'에 대해 고미숙이 발표한 두 편의 글(「'새로운 중세'인가 '포스트 모던'인가」, 『문학동네』 1995년 가을 및 「대중문학론의 위상과 '전통성'에 대한 비판적 검토」, 『문학동네』 1996년 여름)은 대중문학론자들이 노리는 함정에 빠지지 않으면서도 그들이 구사하는 기본개념의 문제점부터 그 논리 전개의 내적 모순 내지 몰역사성, 그리고 "논리적 당착 너머에 있는 이념적 지향점" 등을 "조선 후기 문학사에 대한 치밀한 검증"에 힘입어 구체적이면서도 상세하게 비판한 수작이다. 고미숙이 "부실공사의 학문적 예"를 보여준다고 비판한 부실시공자들에게 가하는 평가는 다음과 같다.

> 무릇 논쟁이란 그 시대의 지적 수준을 가늠케 해주는 일종의 프리즘이다. 그런데 대중문학론은 그것이 하나의 틀로 정식화되어갈수록 논리적 긴장이 극도로 이완되는 양상을 노정하기 때문에, 그에 대한 비판도 항상 기본개념과 자가당착을 지적하는 수준에 머무르게 되는바, 이것을 통해서는 무슨 지적 활력을 기대하기가 좀처럼 어렵다는 생각이 드는 것이다. 그리고 그러한 회의는, 이런 폐해가 단지 이론의 차원에서 끝나지 않고 소위 90년대적 환멸 혹은 허무주의를 더욱 광범하게 유포하지 않을까 하는 우려와 짝을 이루고 있기도 하다 (「대중문학론의 위상과 '전통성'에 대한 비판적 검토」, 47면).

문학론'을 옹호하는 사람이든 비판하는 사람이든 한번쯤은 읽어볼 만한 글이다.

2. 승

80년대와 90년대를 서로 비교하는 담론은 그것이 역사적 전망에 입각해 있든 어제에 대한 일면적 향수나 거부에 근거해 있든 어느 정도 유행하는 담론 유형이다. 그러나 어제와 오늘을 비교하는 일이 하릴없는 복고취미의 반영이나 내일에 대한 걷잡을 수 없는 낙관을 합리화하는 구실이 되지 않기 위해서는 역사 속에서 우리의 현재 위치를 가늠해보는 진정으로 과학적이고 실천적인 발상에 근거한 작업이 되어야 할 것이다.

우리의 경우 어디까지나 상대적인 이야기일 수밖에 없겠지만 80년대의 대중은 90년대의 대중에 비해 어떤 식으로든 삶과 역사에 진지하게 대응했던 것 같다. 지금 시점에서 이전에 비해 민중세력이 퇴보하고 있다고 단정 짓는 것은 성급한 속단일 수 있겠으나 사회 전체의 활기와 에너지는 80년대에 비해 확실히 줄어든 느낌이다. 민중세력의 성장이나 답보가 있다면 그것은 사회운동적인 측면에서뿐 아니라 문화향수의 수준에서도 반영되게 마련이다. 따라서 최근 들어 통속물 같은 대중문학이 독서시장에서 차지하는 비중이 괄목할 만하게 증대했다는 사실을 민중세력의 성장이 주춤하는 현실의 단적인 예로 꼽을 수도 있는 것이다. 조심스레 판단컨대, 90년대의 대중은 불과 10여년 전의 자신에 비해 진지성과 지적 수준이 후퇴했고 독서취향도 다소간에 경박해진 듯하다. 민중세력이 이처럼 답보 내지 퇴보한 것은 우리를 둘러싼 현실의 변화를 그 배경으로 하고 있다. 대중의 성격을 변모시킨 그 변화는 알려진 대로 국내 정치의 일정한 개량화 및 현실사회주의의 몰락에 이은 변혁이념의 퇴조, 자본주의 질서의 전지구화, 그리고 문화산업의 획기적 발전들이다. 그러나 대중의 독서취향을 반영하는 독서시장의 변화가 외부적 요인만으로 흡족히 설명될 수는 없는 것이고 또한 그런 설명법은 자신의 내부를 돌아보는 데 미흡한 까닭에 주체적 자세를 가다듬는 작업에 도움이 되지도 못하는 법이다.

돌이켜보면 80년대의 문학논쟁은 경직되어 있었고 교조적이었다는 점에서 창조적 문학에 적대적이었으나 그 진지성과 치열함은 90년대에 제출된 대부분의 문학론을 압도하는 것이었다. 그러나 주관적 진지성과 치열함이 객관적으로도 반드시 바람직한 결과를 낳는 법은 아니라는 사실이 여기서도 어김없이 확인된다. 80년대의 비평가들 중 적지 않은 숫자가 이미 확립되어 있는 정치적 변혁이론을 분예적으로 번역하여 적용하는 데 다분히 몰두하는 입장이었고, 독자대중에 대해서도 그들의 잠재력을 신뢰하기보다 오로지 가르치고 설득해야 할 대상으로 여기는 입장이었다. 정치와 문학을 선후관계로 파악한 이들은 현실의 진흙탕을 기어가는 대중에게 자신들이 올바른 이론을 제시해서 그들을 납득시키기만 하면 독자대중이 자기네 식으로 논리무장을 하고 변혁운동에 동참하리라고 기대하였던 것이다.

일부 비평가들이 말로는 대중의 주체성과 능동성을 강조하면서 실질적으로는 대중을 설득과 전파의 대상으로만, 즉 수동적인 존재로 간주하는 사이, 독서대중은 비평가의 영향권 바깥으로 달아나게 되었다. 앞서 열거한 외적 변화의 영향으로 감수성과 취향이

변해버린 대중은, 이제 자신들을 믿지 않으면서 가르쳐야 할 학생으로 여길 뿐인 선생의 '감시'에서 벗어나, 자신들을 존중하는 체하는 서적상인들의 품으로 달려가고, 나날의 고단한 삶을 잊게 해주는 순간적 쾌락에 탐닉하는 '반항'을 감행한 것이다. 대중이 당장 자신의 입맛에 맞는 서적을 대량 구매한 결과가 90년대에 공전의 히트를 기록한 몇몇 베스트쎌러들이다. 80년대의 경직되었던 일부 문학론이 독자층을 상업주의문학 앞에 방기하는 결과를 낳는데 일조했다는 이런 식의 설명은 독서계의 변화를 둘러싸고 있는 현상을 일면적으로 기술한 것이기는 하지만 현상의 밑에 놓여 있는 흐름의 일단과 무관하지는 않을 것이다.

사실, 앞에서 살펴본 '대중문학론'이라는 것부터가 대중의 '반항'을 사후적으로 추수하면서 제출된 이론이라는 성격을 지니고 있다. 그리고 이것은 『영원한 제국』이나 『아담이 눈뜰 때』와 같은 대중문학의 작가가 자신들의 창작행위를 합리화하고 변호하는 주요한 수단이기도 한 것이다. "이 작품들(『무궁화꽃이 피었습니다』와 『영원한 제국』 같은 대중문학작품들 — 인용자)이 비록 대중성을 표방하고 있으나 실은 대중의 수준을 낮춰 잡고 있다는 점에서는 오히려 대중 혐오를 보여주는 셈이며, 민주적 민중으로서의 그리고 주체적인 인간으로서의 이들의 사유의 능력을 믿지 않는 점에서는 오히려 나쁜 의미의 엘리트주의를 보여준다"(윤지관, 「문학·권력·민주주의」, 『실천문학』 1994년 가을, 186면)는 지적이 해당 작품에 대한 정확한 평가이듯, '대중문학론'이라는 이론 역시 — 그 명칭과는 별개로 — 대중의 주체적 노력을 장려하고 그들의 잠재력을 신뢰하는 이론이기는커녕 그들의 역량을 과소평가하고 무시하는 이론이라는 맹점을 안고 있다 할 것이다.

3. 전

근대적 의미의 대중이나 대중사회, 대중문화가 정확히 언제 성립한 것인지에 대한 기점을 확정하기는 어렵지만 대략 산업혁명 이후의 어느 시점에선가 성립한 것으로 보면 무난할 듯하다. 따라서 우리보다 앞서 대중사회를 겪었고 자기 사회의 대중문화에 내한 분석과 대응을 수행했던 서구 지식인들의 경험은 자본주의 시대에 문학과 대중의 관계를 살펴보는 우리에게 중요한 참고자료가 될 수 있다.

문학과 대중의 관계를 논하는 자리에 자본주의경제의 문제가 약방의 감초처럼 끼어들 수밖에 없는 이유부터 점검해보자. 다음의 인용문은 광고라는 서적 마케팅 방법이 독서수요를 창출해내는 수법을 잘 보여준다.

> 대략 얘기만 얽어져 있으면 대량광고로 들어가는데 출판사로 보면 모험이라도 할 만한 모험이 되는 거야. … 출판사가 걸어볼 것까지 합치면 한 십억어치는 광고를 쳐도 몇 억 재미는 볼 수 있지. 더 기막힌 것은 한 대여섯 권만 되는 책이면 광고로 백만 부 밀어올리기 어렵지 않다는 점이야. 십억이면 요즘 제일 광고료가 비싼 신문에라도 5단통으로 백 번 이상을 때릴 수 있지. 값싼 신문까지 합치면 이백 번 이상도 가능한데, 생각해 봐. 5단통 다시 말해 신문의 반 가까운 지면을 이백 번 이상 떡칠할 수 있다는 게 얼마나 굉장한 물량인지. 일반 독자는 물론 어지간한 식자라도 그 엄청난 물량 앞에서는 호기심을 안 느낄 수가 없을 거야. 실은 나도 작년에 하도 광고를 요사스레 치기에 도대체 뭔가 싶어 일곱 권짜리 말도 안되는 역사물 한 질을 샀다가 허파가 뒤집힐 뻔한 적이 있지. — 이문열, 『성년의 오후』 113회, 『동아일보』 1994. 3. 2 (서영채, 「문화산업의 논리와 소설의 자리」, 『소설과사상』 1994년 여름, 256-57면에서 재인용)

다소 길긴 하지만 이 대화는 작품의 질보다 광고를 통한 '호기심' 자극이 서적 판매에 결정적인 요소로 등장한 현실을 소상히 보여준다. 이러한 마케팅 방법은 욕망조작을 통한 수요의 창출을 존립의 주요한 방법으로 하고 있는 시장경제의 수법과 꼭 닮아 있다. 시장에 상품을 내다 파는 것이 아니라 구매자의 욕망을 부추겨서 시장을 만들어나가는 것이 시장경제의 핵심이듯, 독자가 대중문학을 찾는 것이 아니라 대중문학이 독자를 만들어내는 것이다. 인용문의 화자가 서적 광고의 허와 실에 '통달'해 있으면서도 "일곱 권짜리 말도 안되는 역사물 한 질"을 사게 되는 경로, 그것이 바로 오늘의 대중문학이 번성하는 자리인 것이다. 이 화자가 역사물을 구입하는 데에는, 짐작컨대 자극받은 호기심도 호기심이지만 이 정도 광고가 나갔으면 남들은 이미 사서 읽었을 것 같다는 그 나름의 판단과 거기에 뒤지지 않으려는 조바심도 작용했을 듯하다. 타인의 행동패턴에 자기를 맞추어야 한다는 강박관념이 사람들을 더더욱 대중 지향적으로 만드는데, 도시생활의 기계적 규칙성과 획일성 그리고 공통의 행동양식에 각자가 적응해야 한다는 과제는 철저히 자본주의적인 과제이다. 문학과 대중의 문제를 논하면서도 결국은 자본주의경제의 규정력과 자본에 대한 태도를 따져야 하는 것이다.

이야기가 잠시 곁가지로 흘렀지만, 영국의 낭만시인들이야말로 산업화를 거치면서 본격화한 새로운 변화 속에서 예술과 예술가의 위상을 진지하게 고민했던 최초의 작가들이라고 할 수 있다. 이들의 비상한 활력과 문학적 성취는 무엇보다도 자본주의시장경제가 정신적 생산의 영역까지 장악하고 그에 따라 자신이 문학가로서 생존할 수 있는 전통적 기반이 해체된 상태에서 이러한 붕괴가 안겨준 긴장에 대한 창조적 대응에서 비롯한다. 패트론 제도가 무너진 후, 문학작품이 다른 모든 생산품과 마찬가지로 하나의 상품으로 시장에서 팔릴 수밖에 없게 된 사정에서 비롯하는 고민은, 작가로서의 생존에 대한 두려움일 뿐 아니라 교환가치와 미적 가치의 갈등에 대한 의식이기도 하고 작가와 독자의 관계에 대해 새로운 성찰의 기회를 제공하는 것이기도 하다.[13] 이들이 산업화로 인한 민중의 참상에 민감하게 반응한 수 있었던 것도 일차적으로는 개인적인 위기의식이 사회의 변화를 대하는 시선과 감수성을 예리하게 벼려준 탓일 것이다. 초기 낭만시인들이 현실과 예술 사이의 갈등을 팽팽한 긴장 속에서 한쪽에 치우치지 않고 표현하였다면, 후대의 시인들은 대체로 긴장이 이완되면서 궁핍한 현실로부터 풍부한 예술의 세계로 도피하는 모습을 보여준다 (김종철, 「낭만주의의 비판적 전통」, 『세계의문학』 1981년 봄, 84-87면). 리비스(F. R. Leavis)가 낭만주의 이후 영어의 창조적 활력이 운문에서 산문소설의 분야로 이동했다고 판단하는 것(*English Literature in Our Time and the University*, Cambridge UP 1979, 86면)도 19세기 시인들이 보여준 도피와 탐닉의 모습 때문이다.

대중사회와 대중문화에 대한 서구의 대응을 살피는 맥락에서 모더니즘과 포스트모더니즘에 대한 검토를 빠뜨릴 수 없다. 모더니즘 문학은 사람들 사이의 진정한 의사소통이 날로 어려워지고 중요한 가치들이 통속화·평준화되어가는 세계에서 고상한 작가혼을 지키기 위해 자신의 내면이나 예술의 세계를 집중적으로 파고드는 작가들의 모습을 보여준다. 이 시기에 오면 고급예술과 대중예술

---

13) 창작활동이 시장경제의 자장을 벗어날 수 없게 되면서 낭만시인들이 느꼈던 당혹감과 그에 대한 창조적 대응에 대해서는 Raymond Williams, "The Romantic Artist," *Culture and Society 1780-1950* (Harmondsworth: Penguin, 1961), 48-64면 참조.

의 분리는 이제까지와 비교할 수 없을 정도로 심화되는바, 본격 모더니즘 문학이 민중의 생활이나 정치적 요구에 무관심하고 사회에 대한 저항을 작가 개인의 예술적 저항으로 대치하는 등 개인주의적 속성을 심화시키는 것에 비례해서 자본과 결탁한 대중문화는 자신이 근거하고 있는 현실에 대한 근본적 질문과 반성을 생략한 채 노골적인 상업주의문화로의 길을 가게 된다. 본격 모더니즘은 예술과 사회의 갈등을 온전히 감당하지 못하고 예술의 세계, 시의 세계로 빠져들어 갔다는 점에서 올바른 대응이었던 것은 아니지만, 대중사회에 대한 그리고 예술의 상품화에 대한 저항의식을 자기 나름으로는 치열하게 간직했던 것이다.

포스트모더니즘은 모더니즘의 예술지상주의적이고 엘리트주의적인 성격을 비판하고 문학예술이 좀 더 대중적이고 민주적으로 되어야 한다는 주장 하에 모더니즘을 거치면서 약화된 예술과 일상적 삶의 연관을 재구축하고자 시도한다. 그러나 포스트모더니즘은 처음부터 대중문화에 대한 모더니즘의 비판을 수상쩍게 보고 그것을 일방적으로 거부하는 데에서 출발한 것이기에, 포스트모더니즘 문화의 대중적 특색 및 상대적 민주화가 그 나름으로 긍정적인 면모라고 해도 자본에 대한 저항의식이라는 면에서는 아무래도 모더니즘에 비해 한 급 아래라고 평해야 할 것이다.

포스트모더니즘은 모더니즘의 엘리트주의에 반발한 그 자신의 출발점을 끝까지 살려서 진정으로 대중적이고 민주적인 문화의 기틀을 마련하는 것인가? 포스트모더니즘의 특징 중의 하나로 꼽히는 미학적 대중주의는 건축 분야에서 잘 드러난다. 제임슨은 L. A. 번화가에 세워진 웨스틴 보나벤처 호텔(Westin Bonaventure Hotel)에 대한 고찰을 통해(Fredric Jameson, *Postmodernism, or, The Cultural Logic of Late Capitalism*, Duke UP 1991, 38-45면), 이 건물이 본격 모더니즘의 권위적인 건축물과 달리 도시의 주변 환경에 잘 어울린다는 점을 지적한다. 그러나 결국에는 도시의 한 부분이 아니라 도시의 대치물이 되어 "하나의 총체적 공간, 완벽한 세계, 일종의 소도시"(Jameson, 40면)를 지향하는 이 건물은 데이비스가 비판한 대로(Mike Davis, "Urban Renaissance and the Spirit of Postmodernism," *New Left Review* 151호 1985년 5-6월, 110-13면) 착취가 진행되는 건물 밖의 현실을 체계적으로 차단하는 것이고 모더니즘 건축물들의 분리구조를 더 거대하게 확대한 것이므로 진정한 대중성과는 거리가 멀다고 해야 할 것이다(본서에 수록된 「프레드릭 제임슨의 모더니즘/포스트모더니즘 단절론」 참조). 우리가 포스트모더니즘의 대중성을 유보적으로밖에 평할 수 없는 이유는 그것이 대중의 주체적이고 자발적인 문화와는 한참 거리가 있는 것이라는 판단에서 비롯한다. 조금 다른 예를 들어보면, 후기자본주의 시대에 각광받는 장르는 아무래도 영상매체일 텐데 화려한 이 매체의 스타 역시 개별적이고 주체적인 존재라고 할 수 없다. 특정 스타는 겉보기만큼 나름의 개성과 독자성을 발휘하는 살아있는 개인이 아니라 그가 없더라도 다른 인물이 얼마든지 대신 수행할 수 있는 역할을 하고 있을 따름인 것이다. 우리가 보기에는 모더니즘이 대중의 삶에 무관심한 채 상업적 대중문화가 제기하는 문제에 대해 배타적 태도를 취하는 것이나, 포스트모더니즘이 상품미학의 면모를 보이는 것이나 자본이 제기하는 문제에 대한 정면대응이라기보다 그것을 회피하거나 굴복하는 모습일 따름이다.

4. 결

앞에서 우리는 낭만주의 시기 이후 영어의 창조성이 산문소설의 분야로 이동한다는 리비스의 견해를 언급했었는데 19세기 영국의 최고소설가인 디킨즈의 경우를 놓고 대중성의 문제를 좀 더 살펴보자.

본고의 범위와 관련할 때 디킨즈에게서 우선 주목할 만한 사실은 그가 당대에 대형 인기작가였다는 점이다. 위로는 여왕부터 아래로는 글을 모르는 무식한 하층민에 이르기까지 모두가 디킨즈의 열렬한 독자였으며 매달 그의 작품이 출판되는 날을 손꼽아 기다렸다.[14] 여기서 생각해봐야 할 사항은 디킨즈의 높은 대중적 인기에도 불구하고 우리가 그를 부정적인 의미의 대중소설가로 규정하지는 않는다는 사실이다. 왜 그런가? (사실, 디킨즈 같이 훌륭한 작가의 작품이 많은 수의 독서대중에게 읽히는 상황이야말로 모든 문학인의 이상이자 바람직한 문화가 자랄 수 있는 최적의 바탕이다.) 상식적인 얘기지만 자본주의적 근대사회에서의 대중문학은 판매부수나 대중적 인기만으로 결정되는 것이 아니다. 또한 재정적 부담이 없고 이해하기 쉬워야 한다는 등의 대중적 접근 용이성을 절대적 기준으로 삼아 분간할 수도 없는 것이다. 예컨대 조용필이나 나훈아, 주현미의 디너쇼 입장료가 부담이 되어서 대중이 그 공연을 관람할 수 없어도, 해당 공연이 대중문화의 한 품목으로서 차지하는 성격

---

14) 디킨즈는 더 많은 독자가 책을 사서 읽을 수 있도록 유도하기 위해 책값을 인하하려는 노력을 구체적으로 경주한 최초의 작가였다. 그는 권당 1실링의 가격으로 매달 일정분량을 분할 출판하거나 잡지에 연재하는 방법을 택했고 이러한 노력이 독자수를 폭발적으로 증가시키는 데 크게 기여하였다. 디킨즈를 대형 인기작가로 만든 요인 중에 위의 독특한 출판방식과 독자와의 특수한 유대관계, 민중문화 유산 및 삽화 그리고 멜로드라마적 요소의 활용 등에 대해서는 졸저, 『디킨즈 후기소설 연구』(울산: 울산대학교출판부, 2007), 91-96면 참조.

은 조금도 변하지 않는 것이다. 대중문화는 대중이 이해하기 쉽기 때문에 많이 찾는 것이라는 생각도 오늘날 그 어느 때보다 많아진 대중문화비평가(해설자)의 존재 앞에서는 무색해진다. 대중문화 역시 분야별로 해설자의 중계를 거쳐야만 대중이 이해할 수 있는 '난해한' 문화가 되었기 때문이다.

그렇다면 특정 문화가 대중문화인지 아닌지의 여부를 판단하게 해주는 기준은 무엇인가? 필자에게 뚜렷한 답이 있는 것은 아니지만 실천적 관심과 관련해서 그 대답을 모색해보면, 대중의 어떠한 측면에 호소하는 문화이냐 하는 점, 자본주의생산관계와 어떤 관련을 맺고 있고 그에 대한 태도가 여하하냐 하는 점 등이 일단의 판단기준이 되리라고 생각한다. 계급이 이미 주어져있는 구조의 범주나 사물이 아니고 관계 속에서 나타나는 역사적 현상이듯(E. P. Thompson, *The Making of the English Working Class*, Penguin 1968, 8-11면), 대중 또한 고정된 실체로 동그마니 실재하는 대상은 아닌 것이다. 예컨대 홍길동이라는 사람이 특정 문제에 대해 진보와 반동의 입장을 오락가락할 개연성이 얼마든지 있고 실제 행동에서도 그럴 수 있듯, 대중 또한 실천적 민중이 될 수도 있고 반동적 우중이 될 수도 있는 것이다.[15] 요는 해당 작품이 대중의 나태한 영혼을 흔들어서 인생과 사회를 새롭게 보도록 하는 데 일조하는 것이냐, 기성의 가치관을 무반성적으로 추종해서 현실의 문제를 은폐하고 심지어 악화시키는 데 앞장서느냐의 문제이다. 자본의 자장에서 아무도 자유로울 수 없는 자본주의경제에서 자본의 야만성과 비합리성을 적발하고 자기 내부에 스며들어온 자본의 논리를 반성

---

15) 다수의 지배를 의미하는 민주주의 역시 '인민주권'과 '우중통치'의 두 가지 의미를 지닐 수 있다.

하는 것이냐, 자본이 주도하는 현실을 추수하고, 아예 한 걸음 더 나아가 자본과 결합하느냐의 문제인 것이다. 반성과 사유에 적대적인 현금의 문명이, 대중이 다음날 일터로 가는 데 필요한 만큼의 위로와 위안을 주는 문화, 대중에게 순간적 쾌락을 제공해서 그들의 비판의식을 마비시키는 문화를 장려하는 것은 당연하고, 오늘날의 대중은 이런 대중문화를 그 어느 때보다도 많이 찾을 수밖에 없게끔 내몰리고 있는 것 또한 사실이다. 그러나 지금의 삶이, 아무리 일시적이고 현실호도적인 위로이고 위안이라 해도 그마저 받지 않고는 견딜 수 없을 정도로 황폐화되어 있고 야만화되어 있는 게 사실이라면, 대중문화의 존재 '의의'를 송두리째 배척하거나 부정할 필요는 물론 없을 것이다.

앞에서 말한 대로 디킨즈가 누린 높은 대중적 인기에도 불구하고 그를 오늘날 의미의 대중소설가로 규정할 수 없다면 그 까닭은 일차적으로 그의 작품이 표현하는 대국적 현실인식과 이를 뒷받침하는 작가의 민중적 시각이 존재하기 때문이다. 하지만 디킨즈의 대중성을 오늘날 대형작가의 대중성과 다른 것으로 만들어주는 핵심적 요소로는, 작가 개인의 천재성도 천재성이지만 아무래도 작가와 작품을 둘러싸고 있는 사회적 환경을 꼽는 것이 더 온당할 듯하다.[16] 필자는 작가로서 디킨즈가 보여주는 위대성, 예컨대 중산층 독자의 요구사항을 의식할 수밖에 없는 처지이면서도 그것을

---

16) 위대한 작품이 창작되기 위해서는 작가의 개인적 재능뿐 아니라 창조적 문학의 토양이 되는 문화의 활력, 즉 사회 전반의 문화적 수준이나 향유능력이 중요하다는 사실은 리비스나 루카치(Georg Lukács) 같은 비평가가 거듭 강조하는 사항이다. 리비스의 이러한 생각은 그의 글 도처에서 찾아볼 수 있는데 집중적으로 논의된 예로는 앞서 언급한 *English Literature in Our Time and the University*라는 저서를 들 수 있겠다. 루카치의 경우는 *The Historical Novel*, Penguin 1969, 123-50면 참조.

교묘하게 비판하는 '곡예'를 통해 자본의 사회적 검열을 뚫고 솟아오르는 그의 창조성을 누구보다도 높이 평가하는 입장이고, 오늘날의 작가는 그에게서 배워야 할 것이 너무나도 많다고 보는 입장이다. 다만, 디킨즈의 천재성도 그것을 가능하게 한 사회적 조건과의 관계 속에서 음미할 때 제대로 이해하는 것이라고 생각한다. 디킨즈가 "본래의 민중적 미덕은 미덕대로 간직한 채, 그냥 재미있는 이야기만 들려주는 것이 아니라 이야기는 이야기대로 들려주면서 그것이 한편의 시라든가 희곡이 갖는 짜임새를 갖추고 말 하나하나가 그만큼 집약적으로 밀도 있게 쓰인 예술품"(백낙청, 「외국문학을 어떻게 이해할 것인가」, 『민족문학의 새 단계』, 창작과비평사 1990, 201면)을 내놓았다고 할 때, 그의 성취 뒤에는 대중성과 예술성이 오늘날과 같은 배타성을 띠지 않도록 받쳐주는 대중의 높은 문화적 수준이 엄존했던 것이다.

디킨즈의 작품을 읽으면 단어 하나하나가 대상을 묘사하고 지칭히는 구실만 하는 게 아니라 어떤 식으로든지 살아서 생명력을 발휘한다는 느낌을 받게 되는데, 리비스는 그 까닭을 "민중적 작가로서 디킨즈는 그의 독서대중과 함께 일상대화의 예술이 생생히 살아있는 문화에 속"했기 때문이라고 설명한다("Dickens and Blake: *Little Dorrit*" in F. R. and Q. D. Leavis, *Dickens the Novelist*, Penguin 1972, 283면). "일상대화가 곧 하나의 예술이었던 문화"(Q. D. Leavis, *Fiction and the Reading Public*, Penguin 1979, 85면)는 원래 셰익스피어 시대에 속하는 문화적 활력이었다. 셰익스피어 시대라고 해서 일상언어가 곧바로 예술언어로 되었던 것은 아닐 테지만 이후 시대에 비할 때 둘 사이의 거리가 아주 가까웠음을 지적하는 것이 이 발언의 취지일 것이다. 이 '취지'를 발전시키면, 엘리자베스 시대 대중의 높은 예술적 수준이 디킨즈 시대에 오면 상당 부분 파괴되었으면서도 부분적으로는 남아있었던 것이고, 디킨즈의 성취도 기본적으로는 이 바탕 위에서 가능한 것이 된다. 16세기말에 예술의 차원에까지 도달했던 대중의 일상적 삶이 이후 형편없이 타락하는[17] 주된 이유는 바로 그 일상적 삶을 둘러싼 환경이 변했기 때문인바, 자본주의 경제제도가 확립되면서 일의 성격이 변화하고 그에 따라 노동의 소외와 사물화의 진전이 깊어지는 현상은 주지하는 대로이다. 진정한 예술과 문학이 자본주의에 반대하는 중요한 이유 중의 하나가 사실은 근대적 삶의 조건이 살아있는 문화의 토양이 되는 대중의 수준을 하향화하기 때문이다. 그러나 균형 잡힌 인식을 위해서라도 자본주의가 인류사에서 억압적 측면과 해방적 측면을 공히 가지고 있듯 문학에 대해서도 부정적 영향만을 미친 것은 아니라는 사실을 지적해야겠다. 대중성 문제를 논할 수 있게 해주는 문화 향수층의 확대라는 것부터가 문화의 민주화와 관련해서 자본주의가 발휘하는 해방적 측면의 산물인 것이다. 다만 오늘날은 19세기의 어느 시점 이후 자본주의의 억압적 측면이 해방적 측면을 훨씬 압도하는 시기인 것이다.

오늘날의 대중이 진정한 문화로부터 멀어져 있다는 주장에 대해

---

17) 리비스의 생각은 셰익스피어 시대를 신비화하고 그 이후의 문화를 일방적인 내리막길로 파악하는 몰역사적 발상과는 거리가 멀다. 이것은 예컨대 셰익스피어를 낳았던 민중문화의 활력이 산업화의 진전과 함께 소멸되었다고 생각하면서도 산업화의 혼란과 충격 속에서 그에 창조적으로 대응한 거대한 업적으로 19세기 영국소설의 성취을 꼽는다는 점에서 단적으로 드러난다. 영문학사를 대하는 리비스의 입장은 엘리어트(T. S. Eliot)가 제시한 "감수성의 분열"론을 출발점으로 하여 엘리어트의 생각을 영시뿐 아니라 영문학 전반에 확대 적용하는 식으로 진행되는데, 이 역시 문학과 문명의 변화 및 둘의 관계를 아울러 생각하는 실천적 관심의 소산이지 관념적 유희는 아닌 것이다.

혹자는 무슨 소리냐고 펄쩍뛸 것이다. 대중이 문화에 접근할 기회가 유사 이래 이처럼 증대된 적이 있었느냐고, 있었다면 언제였는지 구체적으로 대보라고 나서는 이도 있을 것이다. 그러나 문화가 바람직한 삶을 구성하고 그것에 기여하는 창조적 활동이지 비참한 삶을 지속시키고 심지어는 악화시키기도 하는 최면제가 아니라면, 위에서 팔을 걷어붙이고 나선 이는 대중문화와 진정한 문화를 구별하지 못하는 위인에 불과하다. 리비스의 생각대로 현대의 대중문화는 사실은 "문화에 적대적인 현대문명의 세력"인바,[18] 그 적나라한 표현이 바로 포스트모더니즘의 상품미학인 것이다.

물론, 근대 이후 우리의 역사가 서구의 경험을 곧바로 대입하는 것을 허락할 만큼 호락호락한 것은 아니다. 대중문화에 완전히 포위되어서 비판력을 거의 상실한 서구의 독자에 비해 우리에게는 진지한 독자가 여전히 많고 좋은 작품의 구매층 역시 일정하게 유지되고 있다. 무엇보다 우리의 삶을 규정하는 분단체제의 모순이 자본의 유혹을 비판적으로 볼 것을 요구하고 있다. 그러나 전자매체의 확산과 문화산업의 폭발적 성장을 겪으면서 90년대 우리 사회는 바야흐로 본격적인 대중문화가 위세를 떨치는 모습을 보여주는데 서구의 경험을 비판적으로 이해하고 활용하는 것이 절실해지는 것도 이 때문이다.

중요한 점은 디킨즈가 달성한 성취의 바탕이 되는 대중은 우리나라뿐 아니라 지구상에서 사라진 지 이미 오래라는 사실을 분명히 인식하는 일이다. 일상언어와 예술언어의 차이는 점점 벌어지면 벌어졌지 줄어들지 않는 상황이고 노동의 소외, 물신화의 심화

---

18) 리비스의 문화관과 현대문명관에 대해서는 김영희, 『비평의 객관성과 실천적 지평 — F. R. 리비스와 레이먼드 윌리엄즈 연구』, 창작과비평사 1993, 45-69면 참조. 본문 중 따옴표 안의 표현은 같은 책, 46면.

에 이은 문화의 빈곤화 경향도 점점 악화되고 있다. 오늘날 많은 사람들이 가벼운 읽을거리나 대하소설을 찾는 기본적 이유는 아마도 '킬링 타임'을 위해서일 듯하다. 시간을 죽일 필요가 있다는 것은 나날의 삶이 권태롭다는 사실의 반증일 텐데 이 권태는 일과 여가의 분리 및 육체와 정신의 기계적 반복이라는 근대적 삶의 조건이 만들어낸 현상, 바로 그것이다. 일과 여가의 분리가 제도적으로 강제되는 상황에서 '일'에서 보람을 찾지 못하는 대중은 '여가'에서 삶의 의의와 재미를 찾으려 드는 게 당연하다. 이제 여가선용의 중요한 부분을 차지하게 된 문화는 '일'과는 무관한 것이 되어가고, 아니 '일'에서 느끼는 고통과 모욕을 달래주는 데서 자기의 존재의미를 찾아야 하지만, 이 분리구도에서의 문화란 얼마나 위태롭고 위험한 것인가. 우리 시대의 문학예술은 이 분리구도에 안주할 것인가, 그 구도에 근본적으로 도전할 것인가. 자본에 대한 태도가 중요해지는 것은 이 언저리에서다.

5. 사족

오늘날 대중의 기호에 영합하는 것이 불온하고, 기법이나 제재 차원의 접근을 통해 대중성을 획득하려는 노력이 위험한 것은 대중성이 반민중성으로 전락할 가능성이 구체적이고 실질적으로 엄존하기 때문이다. 대중성과 민중성, 예술성의 일치가 문화의 이상인 한 이들 사이의 갈등관계를 문학예술의 항구적 존재조건으로 생각할 필요는 물론 없을 것이다. 하지만 문화산업의 논리와 그 위세를 감안하면 민중성에 투철한 작가보다 대중의 취향에 영합하는 작가가 인기와 부를 획득할 가능성이 높다는 사실은 부인하기 어렵다. 이런 현실에서는 대중성을 민중성으로 발전시키고 그것과 예술성의 본질적 일치를 신뢰하는 마음가짐에 못지않게 대중성과 민중성 그리고 예술성 사이의 거리가 실재할 수밖에 없는 까닭을 냉철히 인식하고 대응하는 것이 필요하다고 여겨진다. 올바른 대응의 시발점이 스스로 자본의 유혹을 이기는 긴장된 마음밭을 일구기 위해 노력하고 그 노력을 타인과 함께 하려는 자세가 되리라는 사실은 두말할 나위 없을 것이다.

자본의 속성과 운동법칙이 창조적 활동에 적대적이며 작품의 대중성을 통속성으로 떨어뜨리기 안성맞춤이라는 점은 거듭 지적한 대로이다. 그러나 우리의 문학이 대중의 저열성을 근거로 대중성을 포기한다면 모더니즘의 잘못을 답습하는 행태이며, 대중을 자본 앞에 방기하는 대중문학의 길을 간다면 상품미학화한 포스트모더니즘의 잘못을 되풀이하는 꼴이다. 대중사회와 대중문화에 대한 모더니즘이나 포스트모더니즘의 처방이 일면적이고 미흡한 것인 만큼 우리가 택해야 할 길 자체는 분명하다 할 것이다. 대중성 추구와 대중추수주의를 구분하면서 대중이 높은 문화적 수준을 간직한 주체적 민중으로 발전하도록 진작하는 방향이어야 하는 것이다. 너무나 뻔한 '모범답안'이지만 이것은 우리 근대사에서 면면히 이어온 민중의 명예와 활력을 변화한 환경 속에서 새롭게 갱신하는 창조적 과업이기도 하다. 시장경제의 도도한 흐름 속에서 그 흐름을 거슬러 올라가는 곡예의 긴장을 보람으로 감당할 것인지, 그 흐름에 몸을 맡기고 하류에 있는 출세와 명리의 유혹을 탐할 것인지 그 선택의 결과는 우리 근대사를 지켜온 민중의 명예를 좌우하는 일이 될 것이다.

미흡한 대로 글을 마무리할 지점이다. 별달리 새로운 이야기를 하지도 못했으면서 글을 맺으려니, 뭔가 해야 할 일을 제대로 못했다는 자책감도 들고 면구스럽기도 하다. 문학의 대중성 문제가 원칙의 확인 이상으로 나가기 어려운 면이 있긴 하지만, 예컨대 베스트쎌러가 시장에서 수용되는 양상을 점검함으로써 대중의 현재적 취향을 탐색하고 그것이 어떤 맥락에서 조장되고 심지어 '통제'되는 것인지를 따져보는 작업이 필요할 수 있겠다. 그러나 이는 차후 보완하기로 하고 부족한 대로 글을 맺는다.

『매리 바튼』과 산업소설

1

18세기 후반에 영국에서 시작한 산업화의 물결은 19세기 이후 사회 각 부분에 엄청난 영향을 미치는 큰 대세를 형성하였다. 인류 역사상 전무후무한 이 경험의 내용과 의미를 천착하고 궁구하는 시도가 경제학이나 철학뿐 아니라 문학에서도 다양하게 이루어졌는바, 주지하다시피 낭만시인들의 새로운 감수성과 문학적 성취는 산업혁명 이후의 사회적 변화에 대한 그들 나름의 대응에서 비롯하는 것이었다.

19세기 중반 영국에는 산업사회의 문제점을 의식적으로 다룬 일군의 소설이 출현한다. 영소설사에서 '산업소설'이라고 칭해지는 작품들이 그것인데 본고에서 다루려고 하는 엘리자베스 개스켈(Elizabeth Gaskell)의 『매리 바튼』(*Mary Barton*, 1848)을 비롯하여 그녀의 『남과 북』(*North and South*, 1855), 디즈레일리(Disraeli)의 『씨빌』(*Sybil*, 1845), 킹슬리(Kingsley)의 『올튼 록』(*Alton Locke*, 1850) 등이 이 범주에 속하는 대표작이다. 이 소설들은 한결같이 이제 막 자리 잡은 산업사회의 모습을 사실적으로 재현하는 작가적 성실성에 더하여 공장제나 공장의 작업환경 또는 "두 개의 나라"(Two Nations)가 표상하는 노자관계의 문제점을 진단하고 그 해결책을 모색하는 진지함 때문에 돋보인다. 개스켈의 처녀작 『매리 바튼』은, 유니태리언교회의 목사 윌리엄 개스켈(William Gaskell)과 결혼한 이후 당시 공업의 중심지인 맨체스터에 15년 이상 거주해온 작가가 직접 목격한 바에 기초하여 노동자들의 생활과 의식, 감정을 그들의 언어로써 기록한 작품이다. 작품의 일인칭서술자는 맨체스터의 노동자들이 느끼고 생각하는 내용이 자신이 파악하는 진실과는 거리가 있다는 사실을 인정하면서도 "내가 새기고 싶은 것은 노동자가 느끼고 생각하는 내용이다"(20면)라고 공언하는데 실제, 노동자의 빈곤과 궁핍, 좌절과 분노, 역경 속에서도 유지하는 따스하고 관대한 마음씨, 상부상조와 우애의 전통에 대한 생생하고 공감어린 묘사에 있어서 이 소설은 다른 산업소설에 절대 뒤지지 않는 탁월한 성취를 보여준다.[19)]

산업혁명 이후 본격화한 "영국의 상황 문제"(Condition-of-England Question)를 의식하고 그와 '대결'하려는 의도 하에서 쓰인 일군의 작품들을 '산업소설'이라고 분류하는 것 자체야 얼마든지 이해할 수 있는 비평적 출발점이다. 더욱이 개스켈에 대해 여성적 감수성에 의지하여 사적이고 가정적인 문제만 취급한 작가로, 그리고 가정의 문제를 다루는 데 있어서도 독자의 눈물에 호소하는 감상적

---

19) '산업소설'로 칭해지는 일군의 작품 중에서 『매리 바튼』이 지닌 대표성과 우수성에 대해서는 까자미앙(Louis Cazamian) 이후 많은 비평가들이 동의하고 있다. 산업화 과정에 발생하게 된 사회적 문제들을 다루면서 19세기 중엽에 집중적으로 나타나는 일군의 작품을 Cazamian, Williams, Colby 등은 '산업소설'(industrial novel)이라고 칭한다. 그에 반해서, 그 소재적 분류에 대해 불만이지만 이 작품들을 함께 아우를 수 있는 명칭을 원하는 Kettle, Tillotson, Lucas 등은 '사회문제소설'(social-problem novel)이라고 칭한다.

이고 비지성적인 작가로 폄훼하던 20세기 전반부까지의 비평적 대세를 거부하고, 그를 진지한 소설가로 평가하는 시도가 산업소설가로서 개스켈이 지닌 면모에 주목하는 1950년대의 비평적 노력에 힘입어 본격화되었다는 사정(Spencer 1-2면)을 감안할 필요도 있을 듯하다. 그러나 소재상의 요소를 지칭하는 산업소설이라는 개념이 해당 작품을 이해하고 평가하는 척도로 변하는 순간, 그 작품에 대한 이해는 일면적이고 불구적인 것에 그치기 십상이다. 본고의 문제의식은 소재 위주의 이런 분류가 비평적 사유를 가로막고 작품을 온전히 감상하는 데 장애로 작용한다는 인식에서 출발한다.

소설을 다른 무엇이 아니라 소설로 읽을 것을 강조하는 블롬(J. M. Blom)은 작품에 대한 '산업소설적 접근'은 작품과 역사적 보고서를 혼동하고 문학의 가치와 사료의 가치를 혼동하는 셈이라고 주장한다. 그는 "까자미앙이 개시한 개념을 전적으로 폐기하는 것이 현명하다는 최종적 결론"(126면)에 도달했다는 맺음말로 「영국 '사회문제'소설: 유용한 개념인가, 비평적 회피인가」라는 글을 마무리하면서 "소설을 소설로 대할 것"(같은 면)을 거듭 주문한다. 소설을 소설로 읽으라는 정당한 요구라도 극단으로 치달으면 '작품 자체'라는 또다른 이데올로기에 함몰될 위험성이 전혀 없는 것은 아니다. 그러나 산업소설이든 사회문제소설이든 이 범주가 작품의 성과와 한계를 전체적으로 조망하는 데 필요한 비평적 사유를 회피하고 억누르는 구실로 사용되는 한, 이런 개념 자체가 아예 없는 편이 낫겠다는 생각도 드는 게 사실이다. 실제, 산업소설이라는 개념틀로 『매리 바튼』에 접근할 때 존 바튼(John Barton) 부분은 그 성취의 우열을 가릴 수 있겠으나, 바튼이 해리 카슨(Harry Carson)을 살해한 후 그의 딸인 매리(Mary Barton)의 활약이 두드러지는 후반부는 도대체 설명하기도 궁색하거니와 설명을 시도해도 작품의 본궤도에서 일방적 일탈을 보이는 예술적 태작으로 치부할 도리밖에 없을 것이다. 물론 작품을 바튼 부분과 매리 부분으로 분리해서 한쪽만 강조하고 논의하는 방법도 불만스럽지만 있을 순 있다. 그러나 이러한 접근법은 작품 전체에 대한 이해와는 동떨어진 결과를 낳을 뿐이라는 게 필자의 생각이다. 본고에서는 서술자의 동요하는 시각 — 노동자의 처지에 대한 공감을 바탕으로 공평무사하게 사태를 기술하는 입장과 중산층의 감수성에 사로잡혀 있는 입장 사이에서 보여주는 동요 — 이 작품의 각 부분에서 어떻게 드러나며 그 성취는 무엇인지를 중심으로 논의할 것이다.

2

작품 자체에 주목하라는 정당한 요구가 또다른 이데올로기로 굳어지는 것을 방지하기 위해서도 그렇고, 작품에 드러나는 산업노동자의 처지와 생각에 대한 공감어린 관찰을 제대로 이해하기 위해서도 그렇고 『매리 바튼』이 '영국의 상황 문제'에 대한 작가적 대응과 관련 있다는 사실을 강조하는 것은 일차적이다. 개스켈이 생각하는 '문제'의 요체는 노자간의 이해부족에 놓여 있으므로 두 계급이 서로 이해하고 용서하는 것이 문제를 해결하는 지름길인데, 이에 앞서 '두 개의 나라'로 요약되는 영국의 상황 문제에 대한 노동자의 실감부터 살펴보는 것이 순서이겠다.

소설은 화창한 봄날 그린헤이즈 들판(Green Heys Fields)으로 나들이 나온 바튼과 윌슨 가족의 만남을 묘사하는 것으로 시작한다. 목가적이고 평화로운 들판이지만 이들이 정작 나누는 대화는 낭만적 내용이 아니다. 그것은 노동자의 궁핍한 생활과 부자에 대한 불신 내지 분노로 가득한 것이다. 작가는 소설 여기저기에서 노동자들이 하는 이야기나 서술자의 설명을 통해 빈부격차에 대한 노동자의 생각을 전달하는데 다음 인용문은 그중에서 바튼이 친구인 조지 윌슨(George Wilson)에게 하는 대사이다.

> "부자들이 가난한 사람들의 시련을 조금도 모른다는 케케묵은 이야기를 내게 할 생각은 말게. 내 얘기는 그들이 모르고 있다면 반드시 알아야 한다는 거니까. 우리는 일할 수 있는 동안은 그들의 노예이지. 우리는 우리 이마의 땀으로 그들의 재산을 쌓아주지만 마치 두 개의 세계에 살고 있는 것처럼 동떨어져서 살아갈 운명이네. 맞아, 다이비즈와 래저루스처럼 동떨어져서, 우리 사이에 커다란 간극을 지닌 채." (7면)

'두 개의 세계'에 대한 바튼의 생각은 열병과 굶주림으로 죽어가는 노동자 대븐포트(Davenport)의 집안과 소유하던 공장이 화재로 소실된 후에도 아무 걱정 없이 풍족하게 살아가는 자본가 카슨의 집안을 대조시키는 6장의 묘사를 통해 한층 구체적으로 드러난다. 공장 건물은 보험에 들어 있고 공장의 기계는 너무 낡았기 때문에 교체할 필요성이 진작부터 있었을 뿐 아니라 불황기여서 쌓여만 가는 재고를 걱정하고 있었는데 때마침 일어난 화재가 공장주의 골치 아픈 문제를 일거에 해결해준 것이다. 공장주가 놀러갈 계획에 들떠 있는 사이에 일자리를 잃고 굶주리는 노동자는 "여가가 저주가 되는"(52면) 경험을 맞는다.

그러나 작가의 의도는 두 세계의 대립을 언제까지나 지속할 필연적인 것으로 제시하는 것과는 거리가 멀다. 오히려 노동자와 자본가의 대립은 상호 오해 내지 무관심에 기초한 것이므로 자본가가 노동자의 궁핍한 처지를 알게 되면 기꺼이 도와주리라고 생각하는 것이다. 작가의 진짜 생각은 윌슨이 카슨을 집으로 찾아가는 일화 중에 나오는 사소하다면 사소하달 수 있는 다음 삽화에서도 엿보인다. 윌슨은 열병으로 죽어가는 대븐포트에게 공장 부속진료소의 입원허가증을 얻어다 주기 위해 아침 일찍 카슨의 집으로 향한다. 지난밤에 대븐포트를 밤새 간호했고 저녁 이후 아무것도 먹지 못한 윌슨에게 카슨 집의 고기와 빵 굽는 냄새, 계란 삶는 냄새, 난로 위에서 김을 내고 있는 커피 냄새 등은 모두 합해져서 그의 식욕을 참을 수 없을 정도로 자극한다. 그러나 카슨의 하인들은 그가 굶주리고 있다는 사실을 모르기 때문에 윌슨에게 먹을 것을 주지 않는다. "하인들이 이 사실을 알았다면 기꺼이 그에게 고기와 빵을 풍족하게 주었을 것이다. 하지만 그들은 나머지 우리들과 같은 사람이고 그들 자신이 굶주리지 않았기 때문에 다른 사람이 굶주릴 수 있다는 점을 망각했다"(61면)고 서술자는 기술한다. 서술자의 정리도 정리일 뿐 아니라 대븐포트를 위해 호소하는 윌슨에게 카슨이 친절하게 대하는 부분이나 그를 위해 쓰라고 윌슨에게 5실링을 건네는 해리의 행동에 대한 묘사를 종합해 보면 부자가 가난한 사람의 처지를 알게 되면 기꺼이 도우리라는 개스켈의 생각 자체는 분명한 셈이다.

그런데, 이런 생각이 중산층 서술자의 일방적 생각만이 아니라는 점은 작중 노동자를 통해서도 다양하게 밝혀진다. 굶주림과 비참함에 시달려온 노동자들은 자신들의 궁핍한 생활을 호소하고 작업시간을 줄이고 취업연령을 낮추기 위해 차티즘 대표를 통해 런던에 청원하기로 결정한다. 이들은 정부가 자신들의 처지를 알게 되면 현실을 그대로 방치하진 않으리라는 믿음에 따라서 “자신들의 비참함을 깊이 있게 보여주어야 한다는 생각, 그렇게 하면 모종의 개선책이 찾아지리라는 생각”(79면)을 품고 있는 것이다. 작품 자체는 이런 생각이 진실에 육박하는 것인지, 하층계급이 중산층의 지배이데올로기에 포섭된 결과인지에 대해 뚜렷이 밝혀주는 바가 없다. 그러나 작중의 노동자 중에서 가장 선진적인 의식을 지니고 있는 바튼조차 이 생각을 시원하게 벗어나 있진 못하기에, 빈부격차와 자본가의 무책임을 누구보다도 신랄하게 비판하는 그의 외침이 결국엔 “평등을 요구하는 외침이라기보다 도움을 요청하는 외침”에 불과한 것이라는 쌔무엘리언(Kristin Flieger Samuelian 20면)의 혹평이 전적으로 그릇된 것이라곤 할 수 없다.

바튼을 비롯한 노동자들의 믿음은 바로 다음 장인 9장에서 의회가 노동자들의 얘기를 듣는 것 자체를 거부한 사건에 의해 너무나 순진한 생각이었음이 밝혀진다. 의회에 청원하기 위해 런던에 갈 때 바튼이 지녔던 믿음은 “덮을 헝겊 하나 없이, 산모가 먹을 음식 하나 없이 아이들이 물에 젖은 천 조각 위에서 태어난다는 얘기를 듣는다면 ... 사람들이 이런 모든 재앙과 페스트, 그리고 굶주림에 대한 얘기를 듣는다면 그들은 우리가 지금 생각할 수 있는 것보단 현명하게 우리를 위해 분명히 뭔가를 해줄 것”(82면)이라는 생각이었지만 런던 경험은 그의 기대를 철저히 저버리는 것이었다. 의회나 정부가 “노동자들이 겪는 비참함의 존재 자체”(79면)를 모를 뿐 아니라 알려고 들지도 않는다는 것이 현실이라면 서로 이해하려는 노력이 부족하다는 이유로 노동자와 자본가 양자를 구분 없이 비판하는 태도나 서로가 서로에게 느끼는 소원한 감정을 추상적 언어로 문제시하는 서술자의 태도는[20] 객관적으로 사태를 기술하는 자세와는 거리가 있는 것으로 여겨진다.

이 작품의 서술자는 대개 중산층의 입장을 대변하는 계급적 존재로 드러나지만 서술자가 언제나 그 위치에만 머물러있는 것은 아니다. 그리고 『매리 바튼』의 정말 빛나는 대목은 계급화해를 내세우는 작가의 입장이 일방적으로 관철되진 않는다는 사실에서 찾아야 할 듯하다. 병으로 누워 있는 대븐포트의 집을 찾아간 바튼과 윌슨의 눈에 비친 그의 집은 생지옥과 다름없다. 그의 집이 위치한 슬럼가가 비위생적이고 빈한한 만큼이나 그의 집 역시도 불결하고 초라한 모습을 하고 있는바, 예컨대 다음 대목을 보자.

> 실내는 대단히 어두웠다. 창유리는 거의가 깨져서 헝겊으로 막아 놓았기 때문에 한낮인데도 그곳에는 희미한 빛만이 있을 뿐이었다. … 그들은 그 장소의 두꺼운 어둠을 헤치고 보기 시작했는데 축축한, 아니 물에 젖은 벽돌바닥에 서너 명의 아이들이 뒹굴고 있는 것을 보게 되었다. 그리고 그 바닥을 통해 거리에 고여 있는 더러운 습기가 스며 올라왔다. 난로는 시커멓게 텅 비어 있었고 부인은 남편이 누워 있는 곳의 옆에 앉아 어둠 속에서 외롭게 울고 있었다. (54면)

이 인용문은 바튼과 윌슨의 시선에 포착된 실내 모습을 서술자가 정리해주는 대목인 만큼 현장에서 물러나 있고자 하는 서술자의

---

20) 예컨대 "내가 지금 언급하고 있는 상업적 불황기에 생겨난 가장 비통스럽고 가장 영속하는 해악은 사회의 서로 다른 계급 사이에 존재하는 이 소외의 감정이다"(78-79면) 라고 얘기하는 서술자의 진술을 참조할 것. 이 진술을 전후해서 서술자는 단떼(Dante) 같은 작가라도 불황기에 하층민이 겪는 가난과 고통의 "무시무시한 진실"(78면)을 다 밝힐 수는 없을 것이라고 얘기하다가도, 다시 생각해보니 "도시를 휩쓸고 있는 비참함의 상태"(79면)를 제대로 묘사하는 것이 불가능하므로 아예 묘사하지 않겠다는 언급과 함께 비참함의 현장에서 한 발 물러서있는 원래의 관찰자 위치로 되돌아간다.

의지가 일방적으로 관철될 수 있는 부분이 아닌 것은 사실이다. 그러나 노동자의 생활에 대한 이러한 묘사는 중산층의 일원에 머무는 서술자의 존재가 아니라 노동자의 생활을 실제 목격하고 공감하는 바탕 위에서 객관적 진술을 꾀하는 서술자의 존재를 확인시켜준다. 실제, 이 작품의 서술자는 가난한 사람에 대한 공감과 중산층 자유주의자의 입장 사이에서 끊임없이 동요하며 그에 따라 묘사와 진술에서 균열을 보여주는데, 많은 경우 이 균열은 노동자의 일상생활을 세세히 묘사하는 부분과 서술자의 논평을 통해 사회학적 설명이나 변명을 시도하는 부분 사이의 괴리로 드러나기도 한다(Bodenheimer 196-98면).

3장에서 서술자는 불황기인데도 매번 더 큰 집으로 이사를 가는 사용주의 모습과 그들의 "이 모든 부를 실제 만든 사람들"(19면)인데 자식의 빵조차 구하지 못해 쩔쩔매는 노동자의 모습을 병치시킨다. 이 차이는 불황이 깊어감에 따라 더욱 커지고 그에 따라 바튼은 뭔가가 단단히 잘못되었다고 생각하며 "어째서 그만이 고통을 겪어야 하는가?"(20면)라는 문제를 고민한다. 직접적 관찰에 기초한 바튼의 생각이 틀린 것이 아니라는 사실은 공장이 화재로 소실된 이후 공장주와 노동자가 겪는 상이한 경험을 참조해도 드러나고, 작가의 전폭적 지지를 받는 인물인 좁 리이(Job Legh)가 작품 말미에서 불황기에 고작 "과시용 물품"을 줄이는 사람과 "목숨이 걸린 것"(372면)을 줄이는 사람의 차이를 강조하는 부분을 보아도 드러난다. 바튼의 고민을 제시한 후 서술자는 곧바로 "내가 알기로는 이것이 실제 사실은 아니며 나는 이런 문제에서 진실이 어떤 것인지 알고 있다"(20면)는 말을 통해 바튼이 느끼는 실감에 개입해 들어온다. 서술자가 얘기하는 '진실'은 "우리의 상품을 사줄 시장이 없으면 우리도 당신들만큼이나 고생하지요”(372면)라고 강변하는 자본가의 발언에 정확히 반영되어 있는데, 카슨의 이 대사나 서술자의 ‘진실’이나 일자리를 잃은 후 가족이 굶주리는 것을 지켜볼 수밖에 없는 수많은 노동자의 고통과 비참함이 생생히 극화된 이후에는 설득력을 지니지 못한다. 마찬가지로 윌슨 부부를 티파티에 초대한 바튼 부부가 친구를 접대하기 위해 과다하게 지출하는 ‘낭비’, 바튼이 대븐포트를 위해 몇 안 되는 옷을 전당 잡히는 ‘경솔’, 맹인이 된 마가렛(Margaret)이 노래를 불러서 힘들게 번 돈을 바튼 가족을 위해 써버리는 방식을 서술자가 비판하고 문제 삼아도, 그것은 작중의 다른 움직임에 의해 부정되며 오히려 노동자의 공동적 생활양식을 증거하는 사항이 된다.

서술자의 시선이 흔들리는 모습은 바튼을 제시하는 여러 대목을 서로 비교해 보아도 잘 드러난다. 처음부터 바튼은 여타 노동자에 비해 사태의 처음과 끝, 그리고 그 정당성을 냉철하게 따져보는 이지적 노동자로 제시되었을 뿐 아니라 비참함에 빠진 동료 노동자를 기꺼이 도와주는 따스한 마음씨의 소유자로 제시되었다. 그는 자신과 가족, 동료들이 겪는 고통과 비참함의 필연성을 의심할 뿐 아니라 그런 생각 때문에 더욱 고통 받는 노동자이기도 하다. 불황기의 쓰라린 경험을 겪고 차티즘 청원이 좌절된 후 바튼이 점점 몰두하는 생각은 한 가지뿐인데 그것은 “한 계급에 대한 증오심과 또다른 계급에 대한 강렬한 동정심”(162면)이다. 그러나 바튼이 중산층에게 느끼는 증오심을 감당할 수 없는 서술자는 그의 생각과 행동을 곧바로 프랑켄슈타인의 그것에 비유한다.

그러나 바튼의 동정심이 무슨 소용이 있겠는가? 어떠한 교육도 그에게 지혜를 주지는 않았으며, 지혜가 없으면 사랑조차도 그 모든 결과에 있어 해악만을 미치는 경우가 너무나 흔한 것이다. 그는 그의 판단력이 허용하는 최선의 판단에 따라 행동했지만 그것은 크게 잘못된 판단이었다.

무지렁이들의 행동은 내가 보기에는 인간적 자질을 많이 지니고 있는 괴물이지만 영혼이나 선악의 차이에 대한 지식 없이 태어난 괴물인 프랑켄슈타인의 행동에서 전형적으로 드러나는 듯하다. …

존 바튼은 차티스트가 되었고 공산주의자가 되었으며 흔히 무모하고 몽상적이라고 칭해지는 그 모든 것이 되었다. 맞는 말이다! 하지만 몽상적이라는 것은 뭔가를 의미하기 마련이다. 그것은 영혼을 지닌 존재나 전적으로 감각적이지만은 않은 존재를 의미하며 또한 자기 자신이 아니라면 타인을 위하는 인물을 의미하는 법이다. (162-63면)

인용문에서 드러나듯 서술자는 대개 일정 한계를 넘으면 곧바로 중산층의 시각으로 복귀하며 그러는 가운데 바튼이라는 인물은 이지적인 인물에서 무지한 인물로, 영혼마저 없는 괴물 같은 존재에서 그래도 영혼은 있는 몽상가로 끊임없이 동요한다. 소설의 중간 부분에서 바튼의 목소리가 침묵하고 그가 무대에서 퇴장하는 것도 작가의 중산층적 감수성과 무관한 일은 아닐 텐데 이에 대해선 차차 살펴보기로 한다.

서술자가 정리해주는 사항이 작품이 극적이고 역동적인 방식으로 드러내는 사태의 진상과 충돌되면서 작가는 자신의 묘한 처지에 대한 자의식과 불안감을 도처에서 드러낸다. 그것은 중산층 독자를 유보 없이 자기편으로 생각하면서도 중산층 독자가 모르는 내용을 쓰고 있다는 불안감으로 드러나기도 하고(Craik 8-10면), 자신은 “정치경제학에 대해 아는 바가 전무하다”는 서문의 언급으로 드러나기도 한다. 하여간 ‘충돌’의 결과로 서술자의 객관적 논평이 허구가 되고 허구적 인물이 현실성을 띠면서(Lansbury 25면) 중산층 독자에게 노동자 인물에 대한 흥미를 유발하는 한편 그들과의 공감적 동일시를 유도하는 대목이 소설에서 빛나는 부분이라 할 것이다. 그리고 이러한 성취가 계급화해를 내세우는 작가의 입장이 일방적으로 관철되진 않고 있다는 사실에서 비롯하는 것임은 두말할 나위 없다.

서술자의 부단한 개입(또는 방해)에도 불구하고 독자는 착하고 남의 불행에 동정적인 바튼이 "노동조합의 적극적 일원"(19면)으로 변모해가는 모습을 자본가에 대한 그의 불신, 분노의 감정과 함께 이해하게 된다. 불평등의 원인에 대해 생각하고 그 때문에 더욱 고통 받으면서도 동료에 대한 우애와 상부상조의 정신을 잃지 않는 바튼 같은 인물이 노동자 중에서 예외적인 존재가 아니라는 사실은 당대의 급진주의자이자 시인이고 직공이었던 뱀포드(Samuel Bamford)가 "존 바튼 같은 인물을, 그의 치명적 범죄를 제외하면 모든 면에서 그와 동일한 인물을, 나는 수백 명 알고 있다"(Monica Correa Fryckstedt 98면에서 재인용)고 밝힌 데서도 살필 수 있다. 바튼과 관련해 제일 논란이 되는 부분은 그가 자본가인 해리 카슨을 살해하는 사건을 이해할 방도에 대해서이다. 노동자에 의한 자본가 살해라는 사건이 실례가 전혀 없었던 일은 물론 아니다. 1831년에 조합과 다툰 애쉬튼(Thomas Ashton)이라는 공장주가 노동자에 의해 실제로 살해된 예가 있었으며(Engels 229-30면),[21] 유사한 사건이 같

21) 루카스는 산업현장의 문제를 다루는 데 있어 엥겔스와 개스켈, 각각이 보여주는 장단점을 논하는 「엥겔스, 개스켈 부인, 그리고 맨체스터」("Engels, Mrs Gaskell and Manchester")라는 글에서, 1842년 11월에 맨체스터에 도착하여 2년간 거주하며 『영국 노동자계급의 상태』(*The Condition of the Working Class in England*)를 집필한 엥겔스와 맨체스터에 15년 이상 거주하면서 노동자들의 생활을 직접 목격하고 그것을 소설화한 개스켈의 차이에 대해 흥미 있

은 '산업소설'에 속하는 엘리자베스 스톤(Elizabeth Stone)의 『면화왕, 윌리엄 랭쇼』(*William Langshawe, The Cotton Lord*, 1842)에 등장하기도 한다. 그러나 바튼의 살해 행위가 제기하는 문제는 윌리엄즈의 말대로(101-02면) 전체적으론 당대의 주요문제를 전형적으로 다루는 토운을 유지하는 작품에서 살해 행위와 같은 극히 예외적인 사건이 작품의 플롯을 가르는 결정적인 위치를 차지하는 네서 비롯한다. 실제, 살인 사건 이후로 소설에서 사라졌다가 말미에 재등장하여 "내가 저지른 죄를 용서하소서!"(355면)라며 카슨에게 용서를 구하는 바튼은 전반부에서 구체적 개인으로 생생히 형상화되었던 인물이 아니라 사랑과 용서라는 도덕적 교훈을 전달하기 위해 조작된 인물이라는 인상이 짙다. 살해 행위의 전모가 에스더(Esther) 이모를 통해 매리에게 밝혀지는 21장도 우연적 요소의 남발로 사실주의적 기율에서 일탈한 작가의 모습을 확인시켜주는 대목이자 작품의 가치를 떨어뜨리는 데 단단히 한몫한다.

바튼의 해리 살해를 작가의 개인적 한계와 연결해서 중산층의 "**폭력에 내한 공포**를 극회"(Williams 102면. 강조는 원저자)한 것으로 읽을 수도 있을 것이고, 바튼이라는 인물이 작가의 통제를 벗어나는 순간 그가 해리를 살해한 후 무대에서 사라지게 처리한 것(Igor Webb 195-96면)이라고 이해할 수도 있을 것이다. 갤라허(Catherine Gallagher)는 윌리엄즈식의 설명은 존 바튼의 비극이 중산층의 감수성에만 위협적인 것이 아니라는 사실과 그 자체가 자기모순적이어

는 논의를 펼친다. 그중 한 가지를 소개하자면 엥겔스는 계급의식이 작업장에서 형성되는 줄로만 생각하고 이 작품의 앨리스(Alice) 같은 인물이 고향에서부터 갖고 온 축제·민요·놀이의 전통과 계급의식 발전의 상관관계를 보지 못했다는 지적(46-49면)을 들 수 있겠다. 실제, 이 작품에는 노동자 문화와 그들의 시적 전통에 속하는 요소가 많이 도입되어 있는데 이에 대한 상론은 별도의 작업을 요하는 문제이다.

서 통제하기 힘든 것이라는 사실을 간과했다고 비판한다(280면의 주26). 바튼의 자기모순적인 특징은 그의 급진주의가 서로 양립할 수 없는 두 가지 사실의 증거로 제시된 데서 엿보인다. 그는 고통받는 가난한 이웃에 대한 동정심과 현상의 원인을 따지는 과학적 사고방식의 소유자로서 도덕적 책임감이 풍부한 인물이지만, 그 책임감이 잘못된 판단과 결합하여 그 자신과 동료 노동자들을 그릇된 길로 인도하므로 결국엔 도덕적 선택능력이 없는 인물이기도 하다. 또한 그는 강한 도덕적 책임감과 이타주의라는 비극적 영웅의 자질을 지니고 있으나 노동자의 생활이라는 외부적 상황에 규정받고 그에 따라 행동하는 인물이므로 끝까지 비극적 영웅으로 남아 있을 수도 없는 인물이다. 갤라허에 의하면 "바튼의 사회적 결정론과 비극적 영웅주의"(74면) 사이에는 항상적인 긴장이 존재하는데 이 긴장은 점차 고조되어 앞서 인용했던 프랑켄슈타인을 언급하는 부분(15장)에서는 바튼이 영혼이 없는 괴물이라는 이야기와 몽상가로서 영혼을 지니고 있다는 지적이 공존하는 모순에까지 이르고 결국 이 자기모순이 소설의 제17장에서 바튼을 무대에서 퇴장시키도록 유도했다는 것이다(75면). 바튼에 대한 묘사가 오락가락하는 까닭과 서술자의 위치가 끊임없이 동요하는 사실이 서로 무관한 일은 아니므로 계급적 존재로서의 서술자가 작품에 미치는 영향은 도처에서 확인되는 셈이다.

이제, 바튼이 사라진 후 독자의 관심이 향하는 주요 인물인 매리 바튼에 대해 살펴볼 때가 되었다.

3

바튼이 사라지기 전까지 그의 생각과 행적이 중점적으로 다루어지는 전반부는 서술자의 입장이 오락가락하고 서술자와 인물의 생각이 충돌하는 가운데에도 1840년대 공업의 중심지에서 살아가는 노동자들의 삶과 그들의 체험을 생생하게 제시하는 성과를 이루었다. 그러나 바튼을 중심에 놓고 작품의 성과를 논하면 소설의 더 많은 부분을 차지하는 매리 부분을 어떻게 이해할 것인지의 문제가 심각하게 대두한다. 전체가 38장으로 이루어진 이 작품에서 바튼의 이름이라도 언급되는 장은 실제 17장에 불과하며 그가 자취를 감춘 후 이야기의 중심은 매리에게로 넘어가는 것이다.

매리 부분의 의미를 제대로 이해하기 위해서는 우선 그녀의 이야기가 전통적인 사랑이야기가 아니라는 점을 분명히 해둘 필요가 있다. 매리와 해리의 관계가 진전되어 결혼으로 성사되는 데 관심을 가지고 결혼을 위한 여러 행동을 취하는 인물은 매리가 아니라 쌜리(Sally Leadbitter)이며, 매리를 낭만적 여주인공으로 만들고자 하는 위인도 쌜리인 것이다(Bodenheimer 208-09면). 쌜리의 로맨스적 취향은 그녀와 매리가 함께 근무하고 있는 씨몬즈 양(Miss Simmonds)의 양장점에서 일하는 모든 여공들의 공통된 취향이기도 한데, 이들의 관심은 유행과 옷차림, 파티와 연인에 대한 것이지 삶의 구체적이고 절박한 문제에 대한 것이 아니다.

매리 이야기는 실질적인 안주인으로 가족의 생계를 책임져야 하는 여성노동자의 경험에 대한 것이자 속물적인 신분상승욕에 사로잡혔다가 당당한 주체적 여성으로 변모해가는 그녀의 인간적 성숙과 변모에 대한 것이라고 이해하여야 할 것이다. 같은 계급에 속하는 젬 윌슨(Jem Wilson)에 대한 사랑을 깨닫기 전에 매리는 해리와 사귀면서 그와의 결혼이 가져다 줄 "안락한 생활"(109면)을 그려본다. "언젠가는 귀부인이 될 수 있다는 생각"(75면)을 품고 황금빛 미래를 꿈꾸는 매리는 로맨스의 여주인공에 가까운 모습인데, 선원으로 세계 이곳저곳을 돌아다니는 윌 윌슨(Will Wilson)이 오랜만에 돌아와서 인어와 날아다니는 물고기 등에 대한 "심해의 불가사의"(145면)를 거짓으로 떠벌릴 때 그 얘기에 제일 매혹되는 인물이 매리라는 사실은 그녀의 로맨스적 속성을 알려주는 일화이다. 매리의 사랑을 차지하기 위해 해리와 경쟁하는 인물은 젬이다. 11장에서 젬의 청혼을 거부한 직후 매리는 "그녀 영혼의 강렬한 비밀"(124면)과 해리와의 결혼해서 얻을 수 있는 것은 아무것도 없다는 사실을 곧바로 깨닫는다. 해리가 자신을 한때의 장난으로 대했을 뿐이라는 사실과 자신이 진실로 사랑하는 사람이 누구인지를 분명히 알게 된 매리는 해리의 거짓됨을 비난하며 "이젠 당신을 경멸합니다. 당신은 불쌍한 소녀를 망치려고 했던 거니까요"(131면)라고 당당하게 맞선다. 매리가 해리를 거부하고 젬을 선택하는 것은 안락과 신분상승을 고대하던 로맨스의 세계에서 현실세계로 돌아오는 의미도 지닌다 할 것이다.

현실로 돌아온 매리에게 닥친 문제는 해리의 살인범으로 체포된 젬의 현장부재를 입증해서 그를 구하고 그와의 결합을 성취하는 일이다. 매리가 젬을 구하기 위해 혼자 고군분투하는 과정은 지나치게 장황하게 제시되었기 때문에 지루한 느낌이 없진 않으나[22)]

---

22) 살인사건이 일어난 것은 목요일 밤이며, 젬의 무죄가 밝혀지고 그가 석방되는 재판장면은 그 다음 주 화요일의 일이다. 그 우여곡절이 간단한 것은 아니지만 이 경과에 대한 서술이 18장에서 32장까지를 차지하며 진행되고, 그 사이에 심리묘사가 충실하게 이루어지는 것도 아니기 때

온갖 어려움을 극복해나가는 그녀의 문제해결능력과 지치지 않는 에너지, 꺾이지 않는 용기를 입증하는 부분으로서 그 나름으론 감동적인 대목이다. 젬의 현장부재를 증언해 줄 윌을 찾기 위해 리버풀까지 혼자 여행하고, 리버풀에서는 거친 뱃사람을 설득하여 이미 출항한 배를 뒤쫓아가는 활약을 펼치는 매리의 용기는, 재판정에서 수백 명의 사람이 듣는 가운데 젬에 대한 사랑을 공개적으로 밝히는 대목(314면 참조)과 합해져서 여성에게 가해지는 빅토리아조의 온갖 편견에 당당히 맞서는 매리의 모습을 확인시켜준다.

11장에서 젬에 대한 사랑을 깨닫고 해리를 뿌리쳤던 매리가 이 대목(32장)에 올 때까지 자기의 속마음을 밝히지 못하는 까닭은 빅토리아조의 여성에게 당연한 미덕으로 강요되었던 소극성 내지는 수동성의 덕목 즉, "여성다운 인내"(125면)의 신화 때문이다.

> … 사태를 곰곰 되씹어보아도 매리는 카슨 씨와 앞으로 계속 연락하고 만나고 하는 일을 가능한 한 제일 단호한 방식으로 끝장내야겠다고 결심할 수 있을 따름이었다. 처녀다운 수줍음 — 진정한 사랑은 언제나 그러한 것이다 — 이 청혼을 거절한 자신의 결정을 그녀가 얼마나 후회하고 있는지, 그리고 그를 사랑한다는 사실을 자신이 얼마나 뼈저리게 깨닫고 있는지를 상대에게 알리기 위해 그녀가 궁리해낼 수 있는 모든 계획을 좌절시키는 듯했다. 매리는 아무 일도 하지 않고 꾸준히 인내하며 기회가 닥칠 때마다 상황을 호전시키기로 결심하는 흔치 않은 지혜에 다다랐다. (125면)

이 인용문은 청혼을 거절당한 젬이 집에서 뛰쳐나간 직후 매리가 자신의 경솔함을 후회하고 그와 결혼할 가능성이 사라졌다는 위기

문에 독자에게 지루하다는 느낌을 준다.

감을 느끼는 가운데 앞으로 어떻게 해야 할지 궁리해보는 그녀 생각과 심리의 추이를 기술하는 대목이다. 사랑하는 연인과 영원히 헤어지는 불행을 감수하더라도 여성이 자기 마음을 먼저 털어놓아서는 안 된다는 "흔치 않은 지혜"가 그녀를 강하게 사로잡고 있는 것이다. 여성의 수동성에 대한 고정관념이 얼마나 뿌리 깊고 보편적인 것인지는 매리의 친구인 맹인 가수 마가렛의 행동을 보아도 알 수 있다. 윌의 관심과 사랑을 눈치 챈 마가렛은 평상시보다 더욱 '여성답게' 행동하며, 여성이 남성에게 속마음을 틀킨다든지 먼저 고백한다든지 하는 "처녀답지 못한 행동"(167면)을 극도로 조심한다. 재판정에서 젬에 대한 사랑을 공표한 후 의식을 잃은 매리는 며칠을 인사불성으로 보내다가 겨우 정신이 돌아온다. 의식을 회복한 매리가 젬을 처음 보았을 때 "창백한 얼굴이 선명한 장밋빛으로 붉게 물들은"(337면) 것도 "처녀답지 못한 행동"을 했다는 자의식에서 비롯하는 수치심, 부끄러움과 관계있다.

'처녀다운 수줍음'이나 '여성의 인내'에 대한 빅토리아조의 통념을 극복하고 당당히 사랑을 고백하는 매리의 법정장면은 당대의 독자로선 쉽사리 받아들일 수 없는 부분이었을 듯하다. 법정장면을 다루기 전에 작가가 기회 있을 때마다 전통적인 기준에 비추어서 매리가 그 기준에 위배되는 인물이 아니라는 점을 꾸준히 강조했던 까닭도 중산층 남성독자의 반발을 의식한 사정과 관계있는 것으로 여겨진다. 또한 매리가 사랑을 공개하는 장면도 작가 자신이 직접 보고 들은 게 아니라 그곳에 참석했던 사람에게서 전해들은 사항이라는 변명(312-13면 참조)을 통해 현장에서 한 발짝 물러서는 자세를 취하고, 증인으로 출석한 매리에게서 단순히 육체의 아름다움을 고대했던 많은 사람들은 창백한 매리의 얼굴을 보고 실망했다는 묘사(312면 참조)를 통해 그녀의 육체성을 탈색시키기도 한다. 전통적 여성상에 충실한 매리의 모습이 계속 환기되어온 까닭 자체가 중산층 독자의 반발을 의식한 작가의 전략이었을 뿐 아니라 작가 자신의 중산층적 감수성과 관계있다는 점은 두말할 나위 없을 것이다.

앞에서 우리는 이 소설의 성과로 1840년대 공업의 중심지에서 살아가는 노동자의 삶과 생각을 생생히 제시한 점을 꼽았다. 이 성과는 서술자가 객관적 존재와 계급적 존재로 오락가락하는 가운데서도 현실의 핵심을 놓치지 않는 리얼리스트의 면모에 충실한 결과로 달성된 것이지만, 파업파괴자나 자본가에 대한 노동자의 위협과 살인이 대두하면서 폭력이나 복수 또는 혁명에 대한 위협이 작품을 감싸게 된다. 매리의 대담성이 부각되기 전에 분명하게 확립되어 있는 그녀의 수동성이나 '여성다운' 모습은 근본적 사회변화를 모색하는 움직임 — 주로 바튼의 생각과 행동을 통해 간헐적으로 암시될 따름이지만 — 을 부담스러워하는 작가의 생각과 어떤 관계에 있는 것일까. 예이젤(Ruth Bernard Yeazell 127면)은 근본적 변화를 향한 움직임에 대립되는 것은 무엇보다도 수동적이고 얌전한 여주인공의 모습이라는 점에 착안하여, 정치적으로 위험한 남성을 성적으로 비공격적인 여성으로 대치시키고 급격한 변화를 내세우는 이야기를 안정적인 이야기로 대치해서, 전체적으로는 수동적 여성의 사랑 이야기가 사회적·정치적 불안을 봉쇄하고 완화시키는 기능을 수행하도록 하고 있다고 비판한다. 독자에게 익숙한 '여성다운 얌전함'의 이데올로기는 작중에서 변화를 요구하는 목소리를 잠재우고자 하는 작가의 중산층적 감수성과 절묘하게 결합하는 것이다.

사회적 안정을 바라는 작가의 시각에도 불구하고 사회의 근본적 문제가 제시되는 것과 마찬가지로 '여성다움'에 대한 이데올로기에도 불구하고 빅토리아조 여성의 문제가 완전히 배제되는 것은 아니며 작가가 이 이데올로기를 무조건 수용하는 것도 아니라는 사실은 이제 어느 정도 밝혀졌으리라 믿는다. 매리가 당당한 여성으로 성장하는 모습을 제시한 것부터가 가부장제 이데올로기에 대한 도전의식 없이 이룩될 수 있는 게 아니다. 작가의 선진적 의식은 여성이 주체적 인간으로 성장하고 현실을 제대로 인식하는 데 장애가 되는 사고방식을 적발해내는 노력에서도 엿보인다. 매리가 해리와 관련해서 지니고 있던 로맨스적 속성이 현실을 대면하는 데 장애가 되었듯이 사태에 대한 멜로드라마적 이해도 현실 파악을 흐리게 할 따름이다. 작품을 처음 읽는 독자와 마찬가지로 대부분의 작중인물들도 해리를 살해한 진짜 범인이 젬인 것으로 생각한다. 이것은 해리가 살해되기 며칠 전에 젬과 서로 다투는 모습이 목격되었기 때문이기도 하고 살인자가 사용한 총이 젬의 것이라는 증거 때문이기도 하다. 그러나 이러한 증거에 따라 젬을 살인자로 생각하는 것은 "미리 설정된 멜로드라마적 패턴"(Gallagher 77면)에 따라 플롯을 해석한 결과일 뿐이라는 게 개스켈의 생각이며, 이런 그릇된 생각을 바로잡아주는 과제를 성공적으로 수행하는 인물이 매리인 것이다. 점진적으로 "위엄과 자기신뢰"(251면)를 갖춰나가는 매리의 성장을 감동적으로 제시한 후, 작가가 다시 중산층의 입장으로 돌아와 보여주는 매리의 최종적 모습 — 젬과 결혼해서 캐나다로 이주한 후 젬의 아내이자 조니(Johnnie)의 엄마로 '가정의 영역'에 안주한 모습 — 은 사족에 가깝다. 오히려 작품이 끝나기도 전에 매리가 젬과 결혼해서 '가정의 천사'로 잘 지내고 있다는 결말을 느닷없이 미리 앞질러 말해주는 36장의 대목(366-67면 참조)은 중산층 독자의 반발에 대한 작가의 두려움이 얼마나 뿌리 깊은 것인지를 보여준다는 점에서 흥미롭다 할 것이다.

4

매리의 활약으로 젬이 살인자의 혐의를 벗고 석방된 이후에, 진짜 살인자인 바튼이 오랜 공백을 딛고 소설에 재등장한다. 죄의식에 지쳐서 유령같이 핼쑥한 모습으로 다시 등장한 바튼은 해리의 부친인 카슨 씨에게 용서를 구하고, 복수심과 증오심에 불타던 카슨이 기독교적인 사랑의 정신으로 그를 용서함으로써 "불쌍한 남자의 비극적 인생이 그렇게 끝났다"(360면)는 서술자의 진술과 함께 작품이 실질적으론 끝나게 된다.

이후의 36장부터는 처음 집필할 때는 없던 부분인데 책으로 출판하면서 분량을 맞추기 위해 써넣었다고 하며(개스켈이 그렉 부인에게 보낸 편지 참조. Easson 84-85면) 그래서인지 일종의 후일담 같은 성격을 지니고 있다. 카슨은 바튼을 용서한 이후에도 그가 살인죄를 범한 진짜 이유에 대해서는 여전히 무지하다. 37장은 카슨이 그 이유를 알고자 좁과 젬을 불러서 대화하는 장면을 다루고 있으며, 노자문제를 해결할 방도에 대한 작가의 생각이 날것인 채로 드러난다. 작가의 전폭적인 지지를 받는 좁이 카슨에게 해주는 이야기와 카슨이 절실하게 깨닫는 사항은 '두 개의 나라' 문제를 해결할 방도에 대한 작가의 생각을 대변하는데, 그 생각의 요체는 고용주와 노동자가 "완벽한 이해와 완전한 신뢰 및 사랑"(375면)을 갖고 서로를 대하되 “하나님께서 즐기라고 축복을 내리셨을 때에는 해야 할 의무도 함께 부여한 것이고 행복한 사람들의 의무는 고통 받는 사람들이 그들의 고통을 견디도록 돕는 일”(373면)임을 명심해야 한다는 것이다.

위의 인용문에서 엿보이듯 개스켈은 문제 해결의 주체를 바튼 같은 노동자에게서 찾지 않는다. 가능한 방도는 카슨 같은 자본가가 동정심을 발휘하여 없는 사람들의 곤란한 처지를 다소나마 덜어주는 온정주의에서 찾을 뿐이다. 소설 내에서야 카슨이 자비로운 자선가로 변모함으로써 작가가 주장하는 대로의 문제 해결이 이루어진다. 그러나 1837년에서 1842년 사이의 고통스런 변화를 다루면서 “동력방직기와 철도”(373면)가 표상하는 변화의 불가역성을 인정하는 작품의 내용과 현상유지를 희망하고 그것에 기여하는 논리인 온정주의라는 해결책은 심각한 부조화를 이루는 것으로 보인다. 세상은 변화하고 있으며 그 변화를 되돌릴 수는 없는 것이라는 판단과 고용주는 고용주로, 노동자는 노동자로 언제까지나 남아 있으면서 상대방을 용서하고 이해해야 한다는 생각은 서로 조화하기 어려운데, 이러한 괴리가 생겨나는 이유는 이제까지 살핀 대로 작가가 사태의 흐름을 공평무사하게 기술하는 입장과 중산층의 계급적 이해관계에 갇힌 입장으로 분열된 데서 찾을 수 있을 것이다. 그리고 이처럼 분열된 모습을 보이면서도 산업현장의 문제를 포착하고 매리라는 인물의 감동적 성장을 형상화한 것이 이 작품이 달성한 성취의 핵을 이룬다는 점은 이제까지 밝힌 대로이다. 소설의 명백한 약점을 들자면 얼마든지 꼽을 수 있을 것이다. 예컨대, 결말부의 용서와 화해가 성서에 의해 유도되므로 — 처음부터 성서적 메타포가 꾸준히 사용되어 왔다는 점을 인정하더라도 —

바튼과 매리를 중심으로 전개되어온 온갖 이야기와 성서를 다시 읽고 그 의미를 처음 체득한 카슨이 바튼을 용서하는 결론은 관련성이 희박하다는 점이나, 구조적 모순에서 비롯하는 노자관계의 문제를 자본가 개인의 도덕적 결단이라는 차원에서 해결하려 한다는 점 등을 들 수 있겠다. 그러나 개스켈이 디킨즈(Charles Dickens)나 엘리어트(George Eliot) 같은 빅토리아조의 위대한 작가와 동급의 작가라고 주장하는 것이 아닌 한, 그의 약점은 그것대로 고려해야 하겠지만 '산업소설'의 좁은 틀을 벗어나 있는 그의 성취 또한 그것대로 평가해야 할 것이다.

인용문헌

천지현. 「산업소설 『매리 바튼』의 역사적 의의와 한계」. 『영학논집 17』. 1993: 66-75

Blom, J. M. "The English 'Social-Problem' Novel: Fruitful Concept or Critical Evasion?" *English Studies: A Journal of English Language and Literature* 62-2 (1981): 120-27.

Bodenheimer, Rosemarie. "Private Grief and Public Acts in *Mary Barton*." *Dickens Studies Annual* 9 (1981): 195-216.

Cazamian, Louis. *The Social Novel in England 1830-1850: Dickens, Disraeli, Mrs Gaskell, Kingsley* (1903). Trans. Martin Fido. London: RKP, 1973.

Colby, Robin B. *Some Appointed Work To Do*. Westport: Greenwood P, 1995.

Craik, W. A. *Elizabeth Gaskell and the English Provincial Novel*. London: Methuen, 1975.

Easson, Angus, ed. *Elizabeth Gaskell: The Critical Heritage*. London: Routledge, 1991.

Engels, Friedrich. *The Condition of the Working Class in England.* Ed. Victor Kiernan. Harmondsworth: Penguin Books, 1987.

Fryckstedt, Monica Correa. *Elizabeth Gaskell's Mary Barton and Ruth: A Challenge to Christian England.* Doctoral Diss. Uppsala U, 1982.

Gallagher, Catherine. *The Industrial Reformation of English Fiction: Social Discourse and Narrative Form 1832-1867*. Chicago: U of Chicago P. 1985.

Gaskell, Elizabeth. *Mary Barton*. Intro. Myron F. Brightfield. New York: W. W. Norton, 1958.

Lansbury, Coral. *Elizabeth Gaskell: The Novel of Social Crisis*. London: Elek, 1975.

Lucas, John. "Mrs. Gaskell and Brotherhood". *Tradition and Tolerance in Nineteenth-Century Fiction*. Ed. Howard, David, et. al. New York: Barnes & Noble, 1967.

___________."Engels, Mrs Gaskell and Manchester". *The Literature of Change: Studies in the Nineteenth-Century Provincial Novel.* Sussex: The Harvester P, 1977.

Samuelian, Kristin Flieger. "Lost Mothers: The Challenge to Paternalism in *Mary Barton.*" *Nineteenth Century Studies* 6 (1992): 19-35.

Spencer, Jane. *Elizabeth Gaskell.* New York: St. Martin's P, 1993.

Stone, Marjorie. "Bakhtinian Polyphony in *Mary Barton*: Class, Gender, and The Textual Voice." *Dickens Studies Annual* 20 (1991): 175-200.

Webb, Igor. *From Custom to Capital.* Ithaca: Cornell UP, 1981.

Williams, Raymond. *Culture and Society 1780-1950.* 1958; Harmondsworth: Penguin, 1963.

Yeazell, Ruth Bernard. "Why Political Novels Have Heroines: *Sybil, Mary Barton,* and *Felix Holt.*" *Novel: A Forum on Fiction* 18-2 (1985): 126-44.

스코트 비평과 디킨즈 비평을 통해 본 리비스 문학관의 특징

1. 서론: 리얼리즘적 성격

비평가로서 대학교수로서 리비스(F. R. Leavis)의 최대관심사는 영문학사상 위대하고 창조적인 작가의 계보를 정립하고 이 계보가 현대에 갖는 인간적·도덕적 의미를 따져보는 작업이었다. 리비스 자신은 이 작업을 수행함에 있어서 그가 염두에 두고 있는 기준을 개념적으로 정의하여 뚜렷이 밝히고 있지는 않다. 『위대한 전통』(*The Great Tradition*)의 제 1장에서 그는 위대한 작가를 판별하는 기준으로 "삶의 가능성에 대한 인식"[23]을 내세우고 있으나 이것의 구체적인 의미가 무엇인지, 그리고 이 기준이 실제 작품평가에 어떻게 적용될 수 있는지에 대해서는 명시적으로 말하지 않는다. 조지 엘리어트(George Eliot)에 대해 논의하는 부분 등을 통해 보면 그가 예술가의 창조성을 판단하는 근거로 삼는 것이 '몰개성' '형상화' '구체성' '자기 자신에 대한 앎' '성숙도'(impersonality, realization, concreteness, self-knowledge, maturity) 등임을 알 수 있지만 이런 용어만으로는 리비스

23) F. R. Leavis, *The Great Tradition* (1948; Harmondsworth: Penguin, 1962), 10면.

의 문학비평이 지니는 독창성과 힘을 제대로 느낄 수 없다. 게다가 그가 영소설의 '위대한 전통'에 속하는 작가에 대해서는 '주요한' '창조적인' '선례가 없는' '의미 있는' '탁월한'(major, creative, unprecedented, significant, pre-eminent) 등의 수식어를 사용하고 필딩(Henry Fielding), 리차드슨(Samuel Richardson) 같은 18세기 소설가나 스코트(Walter Scott), 샬롯 브론테(Charlotte Bronte), 하디(Thomas Hardy), 조이스(James Joyce) 등 '위대한 전통'에 속하는 작가보다는 한 급 처진다고 판단하는 작가에게는 '주목할 만한' '두드러진' '영원한' '지적인' '인상적인' '중요한' '고전적인'(remarkable, distinguished, permanent, intelligent, impressive, important, classic)이란 형용사를 각기 구분해서 사용한다는 사실을 염두에 두고 리비스의 판단기준을 추측해보려 해도 쉽게 잡히는 것이 없기는 매일반이다. 그러나 개념정의가 명확하지 않은 용어를 사용한다는 비판에 대해 리비스 스스로가 중요한 개념을 한정해서 정의하려 들면 핵심적인 사항을 놓치게 되므로 그 용어가 실제 사용되는 용례를 통해 간접적으로 정의할 수밖에 없노라고 주장했던 사실을 상기해보면 리비스의 판단기준을 항목을 세워서 정의하려는 노력 자체가 처음부터 부질없고 불가능한 시도임을 알 수 있다. 따라서 리비스의 문학비평에 제대로 접근하기 위해서는 다른 문학이론가와의 대조나 그의 실제비평을 통한 간접적인 방법에 의존할 수밖에 없을 것이다.

리비스의 소설관이 지니는 특징으로 우선 리얼리즘적 측면을 꼽을 수 있다. 위대한 소설가는 모두 '형식'에 대한 깊은 관심을 갖고 있는 법인데, 형식이나 스타일을 삶으로부터 유리시킨 채 그 자체의 목적을 위해 추구하는 '형식주의자'나 '심미주의자'와 위대한 소설가는 처음부터 다른 부류라는 리비스의 주장은 자연주의나 예술지상주의에 대한 루카치(Georg Lukács)의 비판과 본질적인 측면에서 동일하다. 위대한 작가가 작품에서 달성하는 형상화를 논하는 입장 역시, 세잔느와 셰익스피어의 위대성을 논하는 루카치의 입장과 일맥상통하는 점이다.

> '형상화'라는 말로 세잔느는 예술작품에서 내용과 형식의 분리불가능성을 의미했다. … 셰익스피어를 그의 동시대인들보다 훌륭한 예술가로 만든 것은 내용과 형식이 분리되지 않은 통일성을 이루었다는 점인데 양자를 분리한다는 것은 셰익스피어의 예술에서 상상할 수도 없는 일이다.[24]

리비스의 전통론이 T. S. 엘리어트의 '전통관'과는 다를 것이라는 사실도 삶이 자신에게 안겨준 문제와의 대면 속에서 생겨나는 삶에 대한 지극한 도덕적 관심이 위대한 작가의 작품구성이나 작품전개의 원리[25]라는 그의 '리얼리즘적' 문학관을 고려해 보면 쉽게 추측할 수 있다. 실제 리비스가 생각하는 전통이 매순간 변화하는 살아있고 효과적인 전통임에 반해 「전통과 개인의 재능」("Tradition and the Individual Talent")에서 엘리어트가 말하는 전통은 실제 역사와는 분리된 개념의 산물이다. 백낙청 교수는 T. S. 엘리어트의 '전통론'에 대해 다음과 같이 비판한다.

> … 하나의 '이상적 질서'로서의 과거의 모든 작품과 새로 나오는 작품들 사이의 상호관계에 대한 인식이 곧 '역사의식'이라는 발상이야

---

24) Georg Lukács, *Writer and Critic*, trans. Arthur Kahn (London: Merlin Press, 1978), 19면. 논의의 초점을 맞추기 위해 리비스와 루카치의 유사성에 대한 본격적인 고찰은 다음 기회로 미룬다.

25) *The Great Tradition*, 16면 참조.

말로 진정한 역사의식의 결핍에 해당한다. 이로써 고금의 모든 문학은 일거에 실제 역사로부터 분리된 '그들 간의 이상적 질서'로 둔갑해버린다. 따라서 엘리어트가 말하는 '전통' 역시 생활 속에 살아있는 전통이 아니라 주로 독서의 대상이자 집필상의 영향문제로 되는, 소외된 현대 지식인의 관념이다. 그리고 '몰개성적'(impersonal) 시의 여론은 — 일부 낭만주의자들의 빗나간 개성론의 비판으로서 사줄 면이 물론 있지만 — 바로 그러한 비역사적 발상의 표현인 것이다.[26]

'몰개성이론'이 엘리어트에 있어서는 작가의 개성을 가능한 억누르는 것이지만 리비스의 '몰개성'은 삶과 예술에 대한 작가의 성숙한 태도의 표현이자 작가의 개성의 완성이라는 측면이 강하다.

전통론이나 몰개성론에서 드러나듯 리비스의 문학관은 T. S. 엘리어트의 문학관과는 상당한 차이를 보여주고 있으며 후기로 갈수록 리비스 자신이 질서와 기율을 강조하는 엘리어트류의 고전주의적 경향보다는 창조성과 작가의 개성을 강조하는 낭만주의적 경향을 강조하게 된다. 로버트슨(P. J. M. Robertson)은 리비스가 '고전주의적'인 T. S. 엘리어트와 로렌스(Lawrence)적인 낭만적 상상력 사이에서 갈등을 겪다가 결국 창조성을 중시하는 로렌스를 선택할 수밖에 없었음을 지적하고 있다.

리비스는 그가 두 작가(T. S. 엘리어트와 D. H. 로렌스 — 인용자주)에 있어서 높이 평가하는 핵심적이지만 반대되는 신념을 서로 구별하여 선택하도록 강요받고 있음을 알았다. 엘리어트처럼 리비스는 '고전적' 교육을 받았고 엄격한 '고전적' 훈련으로서 비평의 가치를 믿고 있었으므로 처음에는 엘리어트를 좇아 로렌스의 '낭만주의'를 불신했었다. … 그러나 로렌스에 못지않게 리비스도 기질상으로는

26) 백낙청, 「모더니즘에 관하여」, 『민족문학과 세계문학 II』(서울: 창작과비평사, 1985), 428-29면.

비국교도였고 『검토』지(誌)가 보여주는 바대로 세상 속에서 자신의 길을 타개해나갔다. 그래서 로렌스같이 리비스도 창조성을 강력한 개성의 표현으로 평가하게 되었다.[27)]

그러나 질서나 유기적 공동체에 대한 미련을 리비스가 끝까지 완전히 떨쳐버리지는 못했다는 점도 사실일 것이다. 이 글에서는 리비스의 스코트와 디킨즈(Dickens)에 대한 실제비평을 중심으로 리비스의 소설관과 문학관이 여타의 리얼리즘논의와는 상이하게 지니고 있는 특징을 살펴보고자 한다.

2. 스코트 비평: 작품의 유기적 통일성에 대한 집착

『위대한 전통』에서 리비스가 스코트와 디킨즈에 대해 내렸던 평가는 그 이후의 비평 활동에서 각기 번모를 겪는다. 디킨즈의 천재성은 인정하면서도 "창조적인 예술가로서의 심오한 책임감"[28)]을 결한 삭가로 평가하던 입장이 『소설가 디킨즈』(*Dickens the Novelist*)에서는 "소설에서의 셰익스피어"[29)]라고 디킨즈를 높이 평가하는 쪽으로 바뀐다.

『위대한 전통』의 제1장에서 문학사적 공로만을 인정하는 필딩, 리차드슨 등에 대해서는 본문에서 상대적으로 상세히 다루는 리비스가 스코트는 각주에서만 언급한다. 각주에 나타나는 스코트에

27) P. J. M. Robertson, *The Leavis on Fiction: An Historic Partnership* (London: The Macmillan Press, 1981), 10면.

28) *The Great Tradition*, 30면.

29) F. R. and Q. D. Leavis, *Dickens the Novelist* (1970; Harmondsworth: Penguin, 1972), 12면.

대한 평가는 스코트가 일종의 낭만주의자이고 재능은 있지만 삶이나 예술에 대해 창조적 작가다운 관심이 없으며 문학사적으로도 나쁜 영향을 끼친 작가라는 식으로 정리해 볼 수 있다.[30] 리비스가 18세기 작가들과 비교해서 스코트를 어느 정도로 평가하는 것인지 명시적으로 나타나 있지는 않지만 추측컨대 필딩, 리차드슨보다도 스코트의 문학사적 비중을 낮게 잡는 듯하다. 그러나 1961년에 『아담 비드』(*Adam Bede*)의 씨그넷판(Signet edition) 서문을 쓸 무렵에는 과거 경험을 극화하는 방식이나 사투리사용 등이 조지 엘리어트에게 미친 영향[31]을 논하는 식으로 스코트의 문학사적 영향력에 대한 평가를 수정한다. 브론테자매(the Brentës)에게 스코트가 끼친 영향을 논하는 Q. D. 리비스의 논의[32]까지 고려하면 스코트의 문학사적 의미에 대한 평가는 이전보다는 분명히 긍정적인 쪽으로 바뀐 셈이다. 워더링 하이쯔(Wuthering Heights)의 생활양식이 스러시크로스 그레인지(Thrushcross Grange)의 생활양식에 의해 대치될 수밖에 없듯이 스코틀랜드의 낭만적 과거가 지닌 매력을 인정하면서도 사멸의 역사적 필연성을 제시했다는 쪽으로 스코트의 '낭만주의'에 대한 평가 역시 수정된 것으로 보인다.[33] 하지만 스코트가 '극시로서의 소설'(novel as a dramatic poem)이라는 기준에서 볼 때 일급의 작가가 아니라는 인식[34]이나 18세기의 로맨스와는 다른 자기 나름

---

30) *The Great Tradition*, 14면의 각주 참조.

31) F. R. Leavis, "Adam Bede," *Anna Karenina and Other Essays* (1967; London: Chatto & Windus, 1973), 51면 참조.

32) Q. D. Leavis, "Appendix D, *Wuthering Heights* and *The Bride of Lammermoor*" to "A fresh approach to *Wuthering Heights*," *The Englishness of the English Novel*, ed. G. Singh (Cambridge: Cambridge UP, 1983) 참조.

33) 스코트가 낭만주의의 자기비판을 수행한다는 것은 Q. D. 리비스의 논지이지만, F. R. 리비스도 조지 엘리어트에게 스코트가 미친 영향을 논하면서 어느 정도 비슷한 논의를 — 상당히 불충분한 수준이지만 — 펼친 듯하다.

의 독특한 형식을 발전시키려는 노력을 게을리 한 작가라는 인식은 불변이다.

루카치는 스코트가 일급의 '위대한 리얼리스트'는 아님을 분명히 하면서도 역사소설사로서 스코트의 문학사적 의미를 리비스보다는 훨씬 적극적으로 인정하고 있다.[35] 대중이 프랑스혁명과 나폴레옹 전쟁을 계기로 역사를 일반적 경험으로 체험하게 되면서 이 시기에 유럽에는 근대적 역사의식이 싹트게 되었는바, 스코트는 이러한 역사의식과 영국의 상대적 안정성에 근거해서 과거로부터 전승되어 온 풍부한 문화유산을 바탕으로 본격적 역사소설을 완성시켰으며, 작가로서 스코트가 일급의 예술가는 아니면서도 역사소설의 선구를 이루는 것은 새로이 생겨난 역사의식을 표현할 수 있는 구체적 작법을 그가 완성했기 때문이라는 것이다.

『웨이벌리』(*Waverley*)를 예로 들어 살펴보자. 『웨이벌리』는 웨이벌리를 주인공으로 비히 이안 보르(Vich Ian Vohr)나 찰스(Charles) 왕자 등의 역사적 영웅은 군소인물로 제시함으로써 스튜어트왕가를 지지하는 봉건세력인 토리파와 하노버왕가를 지지하는 반(反)봉건세력인 휘그파사이에 벌어지는 충돌의 핵심과 사회적 현실을 포착하고 있다. 『웨이벌리』의 예술적 강점은 중도적 인물을 주인공으로 내세워 웨이벌리가 자신의 낭만적 기질을 극복하는 과정을 보여줌과 동시에 몰락할 운명에 처한 고지대 사람들이 갖고 있는 우애·신의·온정 등의 미덕과 스코틀랜드 고지대의 의상·생활·말 등의 풍속, 그리고 낭만적 과거가 지니는 매력에 주목하면서도 이들

34) F. R. Leavis, "The Americanness of American Literature," *Anna Karenina and Other Essays*, 145면 참조.

35) 루카치의 스코트론은 Georg Lukács, *The Historical Novel*, trans. Hannah and Stanley Mitchell (Harmondsworth: Penguin, 1962), Part II, ch. 2 "Sir Walter Scott" 참조.

이 파멸할 수밖에 없는 개인적·역사적 정당성을 동시에 포착했을 뿐만 아니라 하노버왕가의 질서나 관용에 대해서도 아이러니컬한 입장을 보여준다는 점일 것이다. 스코트는 로즈 양(Miss Rose)이 "대단한 명예심과 중요성을 지닌 신사"36)라고 평하는 고지부족의 지도자 비히 이안 보르나 반란군의 우두머리인 찰스왕자의 개인적 장점은 그것대로 인정하면서도, 예컨대 비히 이안 보르가 스스로 백작이 되고자 하는 야심이 있다거나 누이 플로라(Flora)를 웨이벌리와 결혼시키려는 꿍꿍이속 등을 제시해서 반란주모자의 인격을 문제시하고 반란군 내부의 알력을 지적함으로써 봉건세력의 파멸에 역사적·사회적 필연성을 부여한다. 주인공 웨이벌리는 삼촌 에버라드 경(Sir Everard)의 집에서 지낼 때 흥미만을 좇는 독서와 다른 사람과의 접촉 부재 등의 성장환경 탓으로 낭만적 기질을 갖게 되었다. 웨이벌리가 뚜렷한 정치적 신념 없이 군대에 입대하는 동기나 고지대의 반란군 편에 가담하는 까닭도 그의 낭만적 성향과 밀접히 연관된 측면이다. 정부군과 반란군 사이에 전투가 벌어지고 호턴(Houghton)이나 가디너 대령(Colonel Gardiner)의 죽음을 목격하고 플로라와 사랑의 경험을 거치면서 웨이벌리는 자신을 반성하게 되며, 삶의 로맨스가 끝나고 진짜 역사가 시작되었다는 느낌을 갖게 된다(60장, 415면 참조). 툴리—비올런(Tully-Veolan)이 브래드워다인(Bradwardine)에게 되돌려지고 반란에 가담했던 웨이벌리를 하노버왕가가 용서함으로써 해피엔딩으로 끝나는 작품의 결말부는, 하노버왕가의 질서나 관용에 한계가 있음을 지적하면서도(67장, 463-4면 참조) 기성체제에 대해 본질적 의문을 제기하지는 못한 채

36) Walter Scott, *Waverley*, ed. Andrew Hook (Harmordsworth: Penguin, 1972), 15장 127면. 이하 본문 인용은 이 판에 준함.

결국 기성체제를 인정하게 되는 작가의 보수성을 드러내주는 부분이다. 하우저(Arnold Hauser)는 스코트가 보수적 정치관을 지니고 있지만 자신이 다루는 이야기의 사회적 배경을 올바르게 묘사하는 '리얼리즘의 승리'를 달성했다고 지적하는데,[37] 비히 이안 보르를 위해 자신을 포함한 부족 6명의 목숨이라도 바치겠다고 제안하는 에반 두(Evan Dhu)같은 봉건세력의 미덕에 주목하면서도 이들이 파멸하는 역사적 필연성을 제시하는 스코트의 문학적 성취에 비추어 볼 때 타당한 지적이라고 할 수 있다.

스코트가 최고급의 작가는 아님을 인정하더라도, 근대적 역사의식을 표현할 수 있는 역사소설의 형태를 그가 획득했다는 루카치의 지적과 리비스의 스코트 평가 사이에는 상당한 거리가 실재한다. 리비스는 『위대한 전통』 1장에서 위대한 작가는 삶에 대한 진지한 고려에서 나오는 자기 나름의 형식을 획득한 작가임을 강조한다.

> 이 전통에 속한 위대한 소설가들은 모두 '형식'이라고 일컬어지는 것에 대단한 관심을 지니고 있다. 위대한 소설가들의 기법이 매우 독창적인 것은 이들이 자신에게 알맞은 방법과 진행방식을 계발하는 데 자기의 천재성을 바쳤기 때문이다.[38]

스코트가 역사소설의 '형식'을 완성시킨 작가라는 점이나 『웨이벌리』 1장 서문에서 당대에 유행하던 피와 공포 이야기, 마법적이거나 초자연적인 이야기, 여주인공을 다루는 이야기나 사교계 이야

---

37) A. 하우저, 『문학과 예술의 사회사-근세편 下』, 염무웅·반성완 공역 (서울: 창작과비평사, 1981), 251-52면 참조. 루카치도 스코트에 있어서 '리얼리즘의 승리'를 지적한다. *The Historical Novel*, 58-64면 참조.

38) *The Great Tradition*, 16-17면.

기를 쓰지 않고, 이야기를 60년 전의 일로 한정시켜서 “인물들과 이들의 감정”(characters and passions of the actors)을 다루겠다는 사실을 선언하고 이를 실제 수행한 점에 비추어 볼 때, 스코트가 자기 나름의 독특한 형식을 발전시키려는 노력을 게을리 한 작가라는 리비스의 지적은 아무래도 부당한 듯하다. 그런데 스코트에 대한 리비스의 평가가 단순히 개별 작가에 대한 이해의 부족에서 나온 것이라면 커다란 문제로 삼을 수는 없겠지만 리비스 비평전체의 어떤 문제점과 연관된 것이라면 이 문제점을 가볍게 보아 넘길 수는 없을 듯하다. 리비스가 소설을 판단하는 “극시로서의 소설”이라는 기준에 비추어볼 때 스코트가 처지는 작가임은 사실이다. 그러나 스코트에 대한 리비스의 부당한 평가 이면에는, 유기체적 농촌사회를 이상사회로 생각하고 작품의 유기적 통일성을 강조하는 리비스의 기본입장이, 자기 기준에 맞지 않는 작품에 대해 부정적 평가를 내리도록 유도했다는 사실이 존재하는 듯하다. 말을 바꾸면, 웨이벌리가 군대에 입대하기 이전이나 비히 이안 보르가 처형된 이후에 작가가 전면(前面)에 등장해서 이야기를 이끌어 나가는 부분과 웨이벌리의 정신적 성장을 그리면서 당시 사회의 총체적 모습을 제시하는 다른 한 부분, 이 두 축이 유기적 관계를 이루지 못하고 한 극으로 치닫는 부분들이 ‘극지로서의 소설’을 생각하고 작품의 유기적 통일성을 강조하는 리비스에게 결점으로 비친 것은 당연하지만, 작품의 유기적 통일성에 대한 집착을 보이는 리비스의 비평태도가 『웨이벌리』가 갖는 형식적 독창성까지도 간과하도록 만들었을 것이라는 점이다.

3. 디킨즈 비평: 예술가의 창조성과 사유의 힘에 대한 강조

평론가 루카치는 스코트가 18세기의 사회소설가보다는 한 급 위이고 발작(Balzac)이나 디킨즈 등의 '위대한 리얼리스트'보다는 한 급 아래인 작가이며, 18세기 사회소설가의 성취를 수용하고 소화해서 19세기 '위대한 리얼리스트'에게 이어준 교량 역할을 한 작가라고 평가한다.

> 위대한 사회소설에서 생겨난 역사소설의 고전적 형태는 의식적인 역사적 태도에 의해 풍부해져서 다시 사회소설로 흘러 들어갔다. 한편으로는 사회소설의 발달이 역사소설을 처음 가능하게 만들었지만 또 한편으로는 역사소설이 사회소설을 진정한 현재의 역사로, 풍속에 대한 정당한 역사로, 18세기 소설이 그 가장 대표적인 작가들의 작품에서 이미 추구하고 있었던 어떤 것으로 바꾸어 놓았다.[39]

스코트가 디킨즈보다 한 급 아래의 작가라는 사실에는 이론의 여지가 별로 없을 듯하다. 작가로서의 스코트가 '리얼리즘의 승리'를 달성했지만 그의 보수적 정치의식이 기성체제에 대해 본질적인 물음을 던지지는 못하도록 가로막았음을 앞에서 이미 살펴보았다. 이에 반해 현실의 상호관련을 근본적인 차원에서 주목한 디킨즈가 기성체제를 뿌리로부터 비판하는 민중적 시각을 가진 작가라는 사실이 역사의식의 심화라는 측면에서 스코트와 디킨즈의 차이인 것이다.

『위대한 전통』에서 "삶의 가능성에 대한 인식"이라는 기준에서 오스틴(Austen), 조지 엘리어트, 제임스(Henry James), 콘래드(Joseph Conrad), 로렌스로 이어지는 영소설의 '위대한 전통'을 논한 리비스

39) *The Historical Novel*, 200-01면.

는 디킨즈에 대한 재평가를 계기로 블레이크(William Blake), 디킨즈, 로렌스로 이어지는 영문학의 연속성에 주목하게 된다. 두 가지 흐름을 이야기 하는 리비스에게 평가기준의 본질적인 변화가 생긴 것은 아니지만 현대의 기술공학적·벤섬적 문명(technologico-Benthamite civilization)에 대한 문제의식의 심화와 심화된 문제의식의 반영으로서 예술이나 삶의 창조성, 그리고 사유(thought)의 중요성을 강조하는 변화가 생긴 것은 주목할 만하다. 강조점의 이동이 생기는 실마리는 1947년에 집필한 「『어려운 시절』론」(“*Hard Times*: An Analytic Note”)이다. ‘극시로서의 소설’이라는 일관된 의도 하에 이후 몇 차례에 걸쳐 계속된 씨리즈의 첫 논문인 이 글에서 리비스는 빅토리아시대의 비인간적 문명이 공리주의철학에 의해 뒷받침되고 있다는 디킨즈의 근본적 시각에 입각한 비판과, 씨씨 주프(Sissy Jupe)나 써커스 집단의 극적 기능에 주목하여 디킨즈 예술의 시적이고 극적인 성격을 강조한다. 『어려운 시절』을 바라보는 평가기준이 디킨즈의 모든 작품과 다른 작가의 작품을 읽는 데 확대 적용되면서 리비스의 문학관은 그 전체 모습이 드러나게 되고 블레이크와의 친화성을 논하는 글인 「디킨즈와 볼레이크: 『리틀 도릿』」(“Dickens and Blake: *Little Dorrit*”)이 리비스 소설비평에서 최정점에 위치하게 된다.

리비스는 “소위 ‘소설’이라는 것에 대한 선입견 때문에 허구적 산문의 분야에서 우리는 삶을 해석하는 데 있어 셰익스피어의 드라마와 연결짓는 집중과 유연성의 가능성을 놓쳐버릴 수가 있다”[40]고 지적하면서 소설을 셰익스피어의 드라마와 연결하여 극시로 파악하려는 시도를 「『어려운 시절』론」 이후 일관되게 밀고 나간다. ‘극시로서의 소설’이라는 개념은 소설작품을 등장인물이

40) *The Great Tradition*, 276면.

나 플롯의 직선적 서술로서가 아니라 "시적인 구조를 지닌 것으로 그러나 동시에 인간의 사회적 상호관계의 극적 형상화"[41]로서 읽겠다는 의도인데 「디킨즈와 블레이크: 『리틀 도릿』」에서는 삶을 부정하는 세력과 삶을 긍정하는 세력 간의 대비를 통해 디킨즈의 창조성이 삶을 긍정하는 쪽에 놓여 있음을 밝히고 있다.

스미스(Grahame Smith)는 『리틀 도릿』의 감옥 이미지가 『블리크 하우스』(*Bleak House*)의 대법정이나 『우리 둘 다 아는 친구』(*Our Mutual Friend*)에 나오는 쓰레기더미 이미지에 비해 인간을 속박하는 상황과 그 속에서 인간이 억눌리고 갇혀 있는 느낌, 그리고 인간이 스스로 자기 내부에 만들어가는 감옥 등을 나타내기 때문에 작품 전체를 거머쥐는 효과적인 상징임을 거듭 주장한다.[42] 실제, 디킨즈는 『리틀 도릿』에서 에돌림청(Circumlocution Office)이 "일 안 하는 법"에 정통함으로써[43] 도이스(Daniel Doyce)나 윌리엄 도릿(William Dorrit) 등의 수많은 사람에게 끼치는 해악, 주인공 클레넘(Arthur Clennam)을 비관적이고 환멸에 찬 인물로 만드는 클레남 부인이 대표하는 가정환경과 이 가정환경이 빅토리아시대 문명의 본질적 측면인 깔뱅적 상업주의 내지 인간적 삶을 억압하는 이윤추구와 연결된 면을 지적한다. 또한 상류사회에 대한 열망이나 상류사회적인 우월감과 외모 중시가 자신의 마음을 가두는 감옥이 된 윌리엄 도릿과 미글즈 씨(Mr. Meagles)의 모습, 공허한 상류사회를 대표하는 바너클 일족(the Barnacles), 사이비 예술가로서 상류사

---

41) P J. M. Robertson, 위의 책, 132면.

42) Grahame Smith, *Dickens, Money, and Society* (Berkeley and Los Angeles: U of California P, 1968), 164면, 190면 등 참조.

43) Charles Dickens, *Little Dorrit*, ed. Harvey Peter Sucksmith (Oxford: Oxford UP, 1982), 1권 10장 참조. 이하 본문 인용은 이판에 준함.

회와 연결된 헨리 가우언(Henry Gowan), 머들 부인과의 결혼을 통해 상류사회의 매너와 부르주아지의 금력이 결합하는 방식을 보여주는 위조꾼이요, 도둑에 불과한 대부호 머들 씨(Mr. Merdle)의 실상, 신사 이상에 대한 해부 등을 통해, 『리틀 도릿』은 전체가 유기적 통일을 이루면서 "영국적 삶에 대한 일관된 비판"[44]을 행하고 있다. 삶을 위협하는 세력의 반대편에 있는 주요인물 중의 하나인 리틀 도릿은 순진함과 착함의 덕성을 대표하는데 리비스는 에이미(Amy)의 삶이 지닌 창조적 성격을 강조하면서 그녀야말로 실제 의미 있는 존재이고, "다른 사람들의 현실성을 테스트하는 시금석"[45]임을 강조한다. 작가는 리틀 도릿의 덕성이 영감을 받고 타고난 것임을 강조하는데(1권 7장, 59면 참조) 정확한 현실반영을 중시하는 리얼리즘론에서 에이미의 이런 측면을 제대로 설명하기가 어렵다는 점을 감안해 볼 때, 에이미가 지니는 극적 힘에 주목할 수 있는 리비스의 입장과 일반적인 리얼리즘론 사이의 차이가 드러나면서 리비스의 비평이 지닌 강점이 나타난다고 하겠다. 삶을 긍정하는 쪽에는 에이미 도릿 이외에도 발명가 도이스와 그를 창조적 예술가로 제시하고 가우언을 사이비 예술가로 제시한 작가 디킨즈의 창조성 등이 포함되는데, 리비스는 『리틀 도릿』에 나타나는 창조적 예술가 디킨즈를 다음과 같이 평가한다.

> … 헨리 가원과 대립하고 그를 자기매김하는 진정한 예술가가 『리틀 도릿』에 존재하는 — 그것도 구체적으로 — 것이다. 이 진정한 예술가는 그가 드러날 수 있는 유일한 방식인 디킨즈 자신으로, 즉 창조적 디킨즈로 존재한다.[46]

---

44) *Dickens the Novelist*, 285면.
45) 같은 책, 298면.

리비스는 개개 인물이나 사건, 묘사가 전체와의 관련 속에서 그 진정한 의미를 지니도록 형상화한 디킨즈 예술의 시적이고 극적인 면모를 지적하면서, 작가로서 디킨즈의 천재성은 "심오하고도 미묘한 사유를 할 수 있는 능력"47)임을 거듭 강조한다. 디킨즈의 천재성을 리비스가 오웰(George Orwell), 험프리 하우스(Humphry House), 하우저 등 기존 비평가 어느 누구보다도 잘 알아보았다는 사실은 문학비평가로서 그리고 문명비평가로서 리비스 자신의 예지를 보여주는 것이기도 하지만, '극시로서의 소설'이라는 개념을 도입하여 언어의 시적이고 극적인 용법을 강조함으로써 주제나 의미가 극적으로 제시되는 구성방식48)에 주목할 수 있었던 그의 소설론의 강점을 보여주는 것이기도 하다.

앞에서 우리는 리비스가 후기로 갈수록 낭만주의적 경향을 높이 평가하는 쪽으로 변화한다고 이야기했는데, 변화의 이유는 이미 지적했듯이 낭만주의가 "삶에 대해 두드러진 책임의식"49)을 보여준다는 사실에 주목했기 때문인 듯하다. 낭만주의 예술가들은 산업화로 야기된 사회변화의 소용돌이 속에서 산업화가 초래한 비인간화 경향에 주목하고 이것에 대응하는 것을 자신들의 과제로 삼았는바, 블레이크야말로 민중적 감수성에 의거해서 산업화가 초래한 변화에 창조적으로 대응한 작가인 것이다. 김종철 교수는 낭만주의의 비판적 전통이 19세기 중엽 이후에는 칼라일(Thomas Carlyle)이나 러스킨(John Ruskin)같은 사회사상가에게 계승되었다고 지적하

46) 같은 책, 322면.
47) 같은 책, 287면, 290면 등 참조.
48) F. R. Leavis, "Tragedy and the 'Medium,'" *The Common Pursuit* (New York: New York UP), 123면 참조.
49) *Dickens the Novelist*, 359면.

는데[50] 낭만주의 시인들이 점차 예술이나 상상력 속으로 탐닉해 들어간 역사적 사실을 고려해 보면 타당한 지적이다. 그러나 칼라일이 부의 집중, 빈부격차 같은 사회적 현상과 산업화가 인간의 사고와 감정에 미친 부정적 영향에 대해서는 예민하게 반응하면서도 문제해결의 열망이 결국 민중을 계도할 영웅에 대한 기대로 나타났다는 사실을 생각해보면 민중적인 감수성을 가지고 삶을 억압하는 세력에 대한 비판을 책임 있게 수행한 디킨즈를 블레이크의 진정한 계승자로 꼽을 수 있을 듯하다. 리비스가 낭만주의 이후 영어의 창조적 힘이 산문소설로 넘어갔다는 점을 지적하고[51] 블레이크, 디킨즈, 로렌스에서 영문학의 의미 있는 연속성을 발견하는 것도 바로 이런 맥락에서이다. 블레이크가 "18세기의 지배적 정신이 대표하는 창조성의 억압에 대항하여 삶을 대표한 인간적 저항자"[52]라는 지적은 "『리틀 도릿』이야말로 기술공학적·벤섬적 세계가 전혀 느낄 수 없는 인간과 사회에 대한 생각을 가지고 이 세계와 대결한 것이다"[53]는 지적과 동일선상에 있는 논의인 셈이다. 현대문명의 본질적 문제점을 리비스는 다음과 같이 지적한다.

> 현대문명은 이것이 사유라는 것을 인식할 수 있는 능력조차 상실한 그러한 사유를 지독하게도 결하고 있는데 현대문명이 상실한 사유는 바로 창조적 작가가 보여주는 종류의 창조성을 생기게 하는 사유인 것이다.[54] (강조는 원저자)

---

50) 김종철, 「낭만주의의 비판적 전통」, 『세계의 문학』 19((1981년 봄), 87면 참조.
51) F. R. Leavis, *English Literature in Our Time and the University* (1969; Cambridge: Cambridge UP, 1979), 86면 참조.
52) 같은 책, 52면.
53) *Dickens the Novelist*, 355면.
54) F. R. Leavis, *Thought, Words and Creativity: Art and Thought in Lawrence* (London: Chatto & Windus, 1975), 93면.

현대문명에 대한 리비스의 문제의식을 살피고자 할 때 특히 주목을 끄는 것이 "기술공학적·벤섬적 문명"이라는 개념에서 "벤섬적"이라는 표현이다. 초기에는 현대문명을 "대중문명"(mass civilization)이라고 평범하게 칭하던 리비스가 현대문명의 근본적 문제가 벤섬의 방법과 연결되어 있음을 인식했기 때문에 "대중문명"이니 "공리주의적"(Utilitarian)이라는 명칭을 사용하지 않고 벤섬의 이름을 따서 '벤섬적'이라는 표현을 사용하게 된 것이다. 『벤섬과 코울리지에 대한 밀의 견해』(*Mill on Bentham and Coleridge*)라는 책 서문에서 리비스는 벤섬의 방법을 다음과 같이 파악한다.

> 벤섬의 방법은 간단하게 말해서 '세목으로 나누는 방법'(method of detail)이라고 정의할 수 있다. 즉 전체를 각 부분으로 나누어서 다루고 추상적 개념은 사물로 분해해서 다루는 방법인 것이다. 말을 바꾸면 전체적인 분류나 통칙을 그것이 구성된 각각의 개별입자로 구분해서 다루고 질문이 제기되면 그 질문을 해결하려 시도하기도 전부터 질문을 각 부분으로 쪼개서 다루는 방법이다. … 벤섬은 살인이나 방화, 강도행위가 유해한 행위라는 사실도 증거가 없이는 받아들이려 하지 않을 것이다.55)

개인과 사회를 원자적으로 분해하고 최소 단위로 환원시키는 방법이 문제해결의 지름길이며, 수량적으로 인간의 모든 측면을 파악할 수 있다고 믿는 벤섬의 방법이 오늘날 컴퓨터공학의 특징적 방법을 보여준다고 할 수 있다면, 인간의 창조성이나 인간 고유의 사유와는 반대쪽에 위치한 컴퓨터가 대표하는 현대문명을 리비스가 "벤섬적"이라고 지칭한 것은 뛰어난 식별력이라 아니할 수 없다.

---

55) F. R. Leavis, ed., *Mill on Bentham and Coleridge* (1950; Cambridge: Cambridge UP, 1980), 48면.

여기에서 낭만주의적 작가가 보여주는 문명에 대한 인간적 책임감을 논하는 리비스의 입장과 일반적인 낭만주의 예술가 사이의 차이점을 분명히 해야 할 듯하다. 산업화라고 통칭할 수 있는 데에서 생겨나는 문제점을 지적하는 것이 표면적으로는 비슷하게 여겨질지 몰라도 대다수 낭만주의자의 비판이 정신과 물질을 분리시킨 채 회고적 시각에서 진행됨에 반해 리비스의 현대문명비판은 이들이 하는 비판과는 본질적으로 다른 차원에서 이루어지는 것이기 때문이다. 리비스는 T. S. 엘리어트가 제기한 '감수성의 분열'(dissociation of sensibility)론을 발전시키는 가운데 17세기 서구문명에 본질적인 변화가 일어났다는 사실을 지적한다.[56] 산업화 자체가 봉건경제의 모순에서 배태된 자본주의경제의 내적 논리의 관철이라면 현대문명의 뿌리를 18세기의 실증주의적 문화에서 찾지 않고 16세기부터 시작된 문명의 변화와, 철학적으로는 데까르트적 이원론에서 찾는 것은 지극히 역사적이고 정당한 관점이라고 할 수 있다. 앞에서 리비스의 스코트 비평을 논하면서 그에게는 유기체적 농촌사회에 대한 미련과 이와 연관된 문제로 작품의 다른 장점을 못 보게 만드는 유기적 통일성에 대한 집착이 있음을 지적했다. 그러나 리비스 스스로가 유기적 공동체를 주장하는 이유에 대해, 자신의 주장이 과거로 돌아가자는 논의이거나 세상에서 기계를 쓸어 없애자는 것이 아님을 분명히 하면서 단지 구질서에 대한 기억이 정말 새롭고 인간에게 유익한 문명을 만들어나가는 데에 중요한 자극이 된다는 사실을 지적하고자 함이라고 밝히고 있다. 바일런(R. P. Bilan)은 리비스의 유기적 공동체론이 지닐 수 있는 현재적 의미에 대해 다음과 같이 주장하고 있다.

---

56) *English Literature in Our Time and the University*, 2장과 3장 참조.

> 리비스는 이런 주장(유기적 공동체가 지닐 수 있는 현재적 의미에 대한 주장 - 인용자)을 자주 반복했다. … 리비스의 초점은 현재에 놓여 있는 것이며 현재에서부터 과거로 도피하고자 하는 욕망이나 현재를 과거와 단순하게 일치시키고자 하는 욕망은 존재하지 않는다. (그러나 예를 들자면 러스킨 같은 사상가에게 있어서는 가끔가다 현재로부터 도피하고자 하는 욕망이 엿보인다). 리비스가 내세우는 주장은 과거에 대한 인식이 현재와 미래에 대한 희망이 존재할 수 있도록 해주는 핵심적인 조건이며, 만일 과거를 잊어버린다면 희망이란 존재할 수도 없다는 것이다. 과거는 인간에게 모범형을 제공하는데 모범형이란 것이 모방할 대상으로서의 모범형이 아니고 인간적 가능성에 대한 느낌과 현재에 더 나은 삶을 추구하도록 창조적으로 충동질하는 자극제로서의 모범형인 것이다.[57]

결국 리비스의 현대문명 비판이 대다수 낭만주의자들의 비역사적 발상과는 다른 차원에서 진행되는 것이라면, 유기적 농촌공동체에 대한 리비스의 '미련과 집착' 역시 통상적인 유기체론자들의 주장과는 다른 것이기 때문에 손쉽게 비판대상이 될 수 있는 것은 아니다.

4. 결어: 리비스식 대안

이제까지의 논의를 종합해 보자. '극시로서의 소설'이라는 기준을 작품에 적용하는 리비스의 소설비평은 스코트 같은 작가의 독창성을 제대로 못 보게 만든 면도 있지만 작품 전체에서 울려나오는 디킨즈의 창조성을 일반적인 리얼리즘론에서보다 훨씬 적극적

57) R. P. Bilan, *The Literacy Criticism of F. R. Leavis* (Cambridge: Cambridge UP, 1979), 18면.

으로 인정하도록 만들어준 면도 있다. 그리고 창조성을 중시하는 낭만주의적 경향을 점차 높이 평가하는 강조점의 이동은 현대 기술공학적·벤섬적 문명이 창조성과 사유를 억누른다는 리비스의 문제의식에서 비롯하는 것임도 살펴보았다. 이제 위대한 문학을 배태하고 이것이 생명력을 보존하는 토양인 "교양 있는 교육받은 사람들"(educated public)에 대한 논의로 결론을 대신하고자 한다.

현대문명에 대한 리비스식 대안의 요체는 인간적 가치를 풍부히 담고 있는 문학작품 교육을 통해 "교양 있는 교육받은 사람들"을 만드는 것이다.[58] 리비스 자신이 현대문명의 폐해를 막을 방책으로 훌륭한 영문학부를 가진 좋은 대학 — 교양 있는 교육받은 사람들을 양성하는 영문학부 — 이상의 처방을 내놓지 못했다는 투의 비판에 대해 자신이 강조하는 문학관·언어관을 간직하고 전파하는 것만이 유일한 가능성이라고 강조한다는 사실이나[59] "교양 있는 교육받은 사람들"을 내세운 근본 의도가 예술가의 창조성과 사회 전반의 창조성 사이의 상호연관을 강조하고자 하는 것이었다는 사실을 생각해보면 리비스의 대안을 진지하게 생각해볼 필요성이 부각된다. 그러나 "교양 있는 교육받은 사람들"이 사라져버린 상황에서 교육을 통해 이런 대중을 가꿔나가겠다는 생각은 문제의 원인이 아니라 문제의 결과로부터 해답을 찾는 소극적 전략이라는 인상을 주는 것이 사실이다. 게다가 교육이란 사회문제를 해결하는 돌파구가 아니라 사회 속의 일부분으로 작용하는 것 아닌가. 이런 맥락에서는 이글턴의 리비스 비판이 타당한 듯하다.

58) *English Literature in Our Time and the University*, 서문과 1장 참조.

59) F. R. Leavis, *The Living Principle: 'English' as a Discipline of Thought* (London: Chatto & Windus, 1975), 49-51면 참조.

> 리비스에게 중요한 문제는 이 피폐한 문화를 낳은 기계화된 사회를 변형시키려는 노력이라기보다는 그것을 견디어내려는 노력이었던 것이다. 이러한 의미에서 『검토』는 시작부터 기권했었다고 할 수 있다. … 현실적으로 유일한 희망은 진용을 갖춘 교양 있는 소수가 문화의 횃불이 현대의 황무지에서 계속 타오르도록 유지하고 그 제자들을 통해 그 횃불을 후손에 물려주리라는 것이었다. … 교육은 결국 사회에 대한 해결책이라기보다는 사회의 '부분'이다.[60]

그러나 이글턴의 리비스 비판은 리비스가 "엘리트주의적"이라거나 "정치적 해결책을 숙고하기를 싫어했기 때문에 관념적인 해결책을 신봉한다"든가 "소설을 소설 아닌 다른 것으로 다룬다"는 등 리비스를 잘못 이해하고 가하는 비판이 주조를 이루고 있기 때문에, 그의 비판 전체를 수용하기에는 문제점이 많은 것이 사실이다.

리비스의 대안이 소극적임을 인정한다 하더라도 리비스가 제기하는 문제제기 자체의 타당성은 줄어들지 않는다. 오히려 "기회주의 내지 게릴라전법"[61]만이 유일하게 가능한 행동방식임을 강조하는 리비스의 입장이 현대 서구사회에 대한 정당한 분석에서 비롯하는 것이라면 벤섬적 문명에 대한 리비스의 문제의식과 리비스식 대안을 현실과 결부시켜 구체화시킬 책임은 벤섬적 문명의 문제에 대해 진지하게 숙고하는 후대의 사람들에게 떠맡겨지는 것이다.

---

60) 테리 이글턴, 『문학이론입문』, 김명환 외 공역(서울: 창작사, 1986), 48면.
61) *Thought, Words and Creativity*, 서문과 *The Living Principle*, 1장 "Thought, Language and Objectivity" 참조.

인용문헌

김종철. 「낭만주의의 비판적 전통」. 『세계의 문학』 19(1981년 봄): 73-92.

백낙청. 「민족문학과 세계문학 II」. 서울 : 창작과비평사, 1985.

이글턴, 테리. 『문학이론입문』. 김명환 · 정남영 · 장남수 공역. 서울: 창작사, 1986.

하우저. A.『문학과 예술의 사회사 — 근세편 下』. 염무웅·반성완 공역. 서울: 창작과비평사, 1981.

______.『문학과 예술의 사회사 — 현대편』. 백낙청·염무웅 공역. 서울: 창작과비평사, 1974.

한국영어영문학회 편. 『19세기영국소설연구」. 서울 : 민음사, 1981.

Altick, Richard D. *Victorian People and Ideas*. New York: W. W. Norton, 1973.

Bilan, R. P. *The Literary Criticism of F. R. Leavis*. Cambridge: Cambridge UP, 1979.

Devlin, D. D. *Modern Judgements: Walter Scott*. Nashville: Aurora Publishers, 1970.

Dickens, Charles. *Little Dorrit*. Ed. Harvey Peter Sucksmith. Oxford: Oxford UP, 1982.

Jackson, T. A. *Charles Dickens: The Progress of a Radical*. London: Lawrence and Wishart, 1937.

Leavis, F. R. *The Great Tradition: George Eliot, Henry James, Joseph Conrad*. 1948; Harmondsworth: Penguin, 1962.

__________. *The Common Pursuit*. New York Univ. Press.

__________. Anna Karenina and Other Essays. 1967; London: Chatto & Windus, 1973.

__________. *English Literature in Our Time and the University*. 1969; Cambridge: Cambridge UP, 1979.

__________.*The Living Principle: 'English' as a Discipline of Thought*. London: Chatto & Windus, 1975.

__________.*Thought, Words and Creativity: Art and Thought in Lawrence*. London: Chatto & Windus, 1976.

__________. ed. *Mill on Bentham and Coleridge*. 1950; Cambridge: Cambridge UP, 1980.

Leavis, F. R. and Q. D. Leavis. *Dickens the Novelist*. Harmondsworth: Penguin, 1970.

Leavis. Q. D. *The Englishness of the English Novel*. ed. G. Singh. Cambridge: Cambridge UP, 1983.

Lukács, Georg. *The Historical Novel*. Trans. Hannah and Stanley Mitchell. Harmondsworth: Penguin, 1962.

__________. *Writer and Critic*. Trans. Arthur Kahn. London: Merlin P, 1978.

Robertson, P. J. M. *The Leavises on Fiction: An Historic Partnership*. London: The Macmillan P, 1981.

Scott, Walter. *Waverley*. Ed. Andrew Hook. Harmondsworth: Penguin, 1972.

Smith, Grahame. *Dickens, Money, and Society*. Berkeley and Los Angeles: U of California P, 1968.

문학과 현대문명의 문제

1

이번 세미나(울산대학교 인문과학연구소 주최 제5회 인문학세미나를 의미 — 필자)를 처음 기획한 때의 출발은 인문학의 관점에서 산업도시의 문제를 점검하고 그 '대안'을 모색해보자는 것이었다. 그러나 제목에서 보다시피 '산업도시'가 '현대문명'으로 바뀌었는데, 범위가 넓어져서 초점이 흐려지고 부담이 증가한 면도 있지만 딱히 한정된 범위가 없기 때문에 보다 자유롭게 얘기할 수 있는 장점도 생긴 듯하다.

우선 분명히 해둘 사항은 현대문명이 '장기 16세기' 이후 성립한 자본주의적 근대와 별개로 존재하는 것이 아니라는 점과 근대가 처음부터 해방과 질곡, 가능성과 상실의 이중적 측면을 지니고 있듯 현대문명도 긍정적인 면과 부정적인 면을 동시에 지니고 있다는 점이다. 문학 부문에 국한해서 생각하더라도 현대문명의 전개는 글을 읽을 수 있는 문자해독률의 증가와 책을 사볼 수 있는 경제적 여유를 더 많은 사람들에게 안겨주었지만, 바로 그런 이점이 문학과 인생에 대해 반성적으로 진지하게 사고하고 접근할 여유를 박탈해간 측면도 공존하는 것이다. 크게 보아 19세기의 어느 시점 이후부터는 근대의 부정적 측면이 그 긍정적 측면을 압도한다고 할 수 있겠는데, 영국의 낭만시인 워즈워스(Wordsworth)는 일찍이 1802년에 발표한 「『서정담시집』 서문」("Preface to *Lyrical Ballads*")에서[62] 단조로운 일상을 살아가는 근대의 도시인일수록 "기괴한 사건에 대한 갈망"이 커지는 법이며, 이밖에도 이전에는 미처 경험하지 못했던 새로운 원인들이 가세해서 대상의 진위(眞僞)와 정부(正否)를 판단하는 "인간정신의 구분능력"을 위축시키고 급기야는 "거의 야만적인 무감각의 상태"로 빠뜨린다며 현대문명의 전개를 비판한 바 있다.

문학과 현대문명의 관계를 논하고자 할 때 제일 먼저 떠오르는 인물은, 필자가 영문학 전공자이어서 그런지 영국의 비평가 리비스(F. R. Leavis)이다. 현대문명을 초기에는 '대중문명'이라고 칭하던 리비스는 1955년에 출판한 『소설가 로렌스』(*D. H. Lawrence: Novelist*)이후 점차 '기술공학적·벤섬적 문명'(technologico-Benthamite civilization)이라는 용어를 사용한다. 이는 현대 기술공학의 핵심인 '벤섬적 방법'[63]이 창조성

62) M. H. Abrams, et al. eds., *The Norton Anthology of English Literature: The Major Authors* (1962; New York and London: W. W. Norton, 1996), 1344-45면.

63) 바일런은 리비스에 대한 비평서에서 '벤섬적 방법'의 요체를 "과다한 합리성. 벤섬적 계산법 즉 인간적 가치의 치수를 재고 평균을 내고 수량으로 환산해서 그것을 축소하려는 노력. 개인과 사회에 대한 원자론적 관점. 본질적 차이를 무시하고 어떤 희생을 치르더라도 평등을 강조하는 경향. 그리고 가장 중요한 사항일 텐데 인간정신을 수동적이고 기계적인 것으로 파악하는 관점"이라고 요약한다. R. P. Bilan, *The Literary Criticism of F. R. Leavis* (Cambridge: Cambridge UP, 1979), 23면.

에 적대적이고 무한한 팽창을 생명으로 하는 현대문명을 낳았다는 문제의식의 소산이라 할 것이다. (자본주의경제, 자본주의적 생산관계라는 용어보다 기술공학적·벤섬적 문명이라는 용어를 택하는 리비스에게 그 나름의 이유가 없었던 것은 아니지만, 체제가 문제의 전부가 아니라는 '정당한' 인식이 그의 논지에 뜻하지 않은 다른 '약점'을 안겨주는 것은 사실이다). 리비스가 비판하는 벤섬적 방법의 정수가 가장 잘 드러나는 작품은, 그 자신이 셰익스피어(Shakespeare), 블레이크(Blake), 디킨즈(Dickens), 로렌스로 이어지는 영문학의 창조적 흐름[64]을 구성하는 작가라고 극찬하는 디킨즈가 1854년에 발표한 『어려운 시절』(*Hard Times*)이라고 할 수 있다. 이하에서 필자가 『어려운 시절』을 조금 상세하게 살펴보려는 것도[65] 이 작품에서 문제 삼는 벤섬적 방법, 즉 공리주의적 합리성이 근대의 중요한 구성적 특징을 이룬다고 판단하기 때문이다. 공리주의적 합리성이 근대의 핵심적 원리로 복무하는 측면은 그것이 실질적 합리성보다 형식적

---

64) 영소설의 '위대한 전통'과 영문학의 창조적 흐름, 이 두 가지를 논할 때 리비스에게서 발견되는 일정한 강조점의 이동과, 이 변화의 첫머리에 위치하는 그의 「『어려운 시절』론」("*Hard Times*: An Analytic Note")이 지닌 의의에 대해서는 본서에 수록한 「스코트 비평과 디킨즈 비평을 통해 본 리비스 문학관의 특징」 참조. 현대문명에 대한 리비스식 대안의 요체를 이루는 "교양 있는 공중"의 건설과 그 중심기지 역할을 부여받은 대학, 영문학의 문제에 대해서는 김영희, 『비평의 객관성과 실천적 지평: F. R. 리비스와 레이먼드 윌리엄즈 연구』(서울: 창작과비평사, 1993), 61-69면 참조.

65) 필자는 『어려운 시절』을 우리말로 옮기기도 하였고 이 작품에 대한 글을 이미 발표한 바도 있다. 본고에서의 논의도 상당 부분 이미 발표했던 글에 빚지고 있다. 각각 졸역 『어려운 시절』(1989; 서울: 푸른미디어, 1994) 및 졸저 「공리주의와 형식적 합리성: 『어려운 시절』」, 『디킨즈 후기소설 연구』(울산: 울산대학교출판부, 2007) 참조. 1994년의 번역본에 남아 있는 오류와 어색한 표현을 수정하여 개정판을 『어려운 시절』(파주: 창비, 2009)로 출판하였는데, 본고에서의 작품 인용은 글이 쓰인 시점에서 참조했던 번역본인 1994년 판의 것을 그대로 따른다.

합리성에 집착한다는 점에서 단적으로 드러난다. 알려져 있다시피 벤섬의 독창성은 실증적 과학방법을 인문·사회 분야에까지 전면적으로 도입한 데에서 찾을 수 있다. 그러나 개인과 사회를, 그리고 각각의 이익과 행·불행을 최소단위로 분해한 후 계량화하는 벤섬의 방법은 수치로 환원될 수 없는 가치적이고 질적인 문제에 적대적이기 마련인바, 이 체계에서 창조적인 인간의 활동, 예컨대 문학예술은 소수파적 위치에 속하면서 그 존재의의가 위협받는 처지에 놓일 수밖에 없는 것이다. "자본주의적 생산이 예를 들면 예술과 시와 같은 특정분야의 정신적 생산에 적대적이다"[66]라고 하는 맑스(Marx)의 지적에 많은 사람들이 동의할 수 있는 것도 바로 이와 같은 이유 때문일 것이다. (이에 반해 최근의 포스트모더니즘 문학예술은 근대의 대세에 저항하는 반대파의 위치를 포기하고 자본에의 투항을 적극적으로 결행하는 상품미학의 경향을 보이는바, 이 점은 뒤에서 다시 논의할 예정이다).

영문학에서 도시를 무대로 본격적인 창작활동을 한 작가는 디킨즈가 처음이다. 태어난 햇수로는 10여 년, 문단활동은 20여 년 뒤지면서 19세기 영국문학의 또다른 거봉을 이루고 있는 엘리어트(George Eliot)만 해도 작품의 주요 배경은 시골 내지 농촌이었던 것이다. 반면에 시야를 서구 다른 나라까지 넓혀서 도시를 중심으로 활약한 작가들을 살펴보면, 보들레르(Baudelaire)의 도시가 빠리이고 휘트먼(Whitman)의 도시가 뉴욕이라면 디킨즈의 도시는 가히 런던이라 할 수 있다. 빠리, 뉴욕, 런던이 한결같이 각국의 심장부에 위치한다는 점에서 디킨즈가 『어려운 시절』의 무대로 설정한 가상의

66) Karl Marx and Frederick Engels, *On Literature and Art* (Moscow: Progress, 1976), 141면.

신흥공업도시 코크타운(Coketown)과는 차이가 있다. 그러나 다른 주요작품에서 런던을 중심으로 펼쳐지는 근대인들의 다양한 삶을 포착하는 성과를 거둔 디킨즈가 『어려운 시절』의 무대를 코크타운으로 설정한 것이 현대문명의 문제와 정면으로 맞서기를 두려워하는 소심증 탓이라고 생각할 수는 없겠다. 오히려 공업도시의 문제 역시 현대문명의 한복판에 자리하는 핵심이며, 현대문명의 실상은 런던 같은 상업과 금융의 중심지에서도 드러나지만 신흥공업도시를 대표하는 코크타운을 통해서도 극명하게 부각되는 면이 있으리라는 판단이 작용했기 때문이라고 적극적으로 해석할 필요가 있는 것이다.

2

소설 『어려운 시절』에서 가장 인상적인 부분 중의 하나가 강렬한 이미지를 사용하여 신흥공업도시 코크타운을 묘사하는 대목이다. 이 도시의 모습을 다소 길더라도 인용해보면 다음과 같다.

> 그것(코크타운 — 인용자)은 붉은 벽돌의 도시, 공장 연기와 재가 만약 허락했다면 붉은 색이었을 벽돌로 이루어진 도시였다. 그러나 사실은 야만인의 물감 칠한 얼굴처럼 부자연스런 붉음과 검정의 도시였다. 그것은 기계와 높은 굴뚝의 도시였는데 그 높다란 굴뚝으로부터 끊임없이 연기의 뱀이 영원히영원히 기어나와서 결코 풀어지지 않았다. 도시 안에는 검은 운하가 하나 있고 고약한 악취를 풍기는 염료 때문에 자줏빛으로 흐르는 강이 하나 있었다. 창으로 꽉 찬 거대한 건물더미가 있는데 거기서는 하루 종일 덜컹거리고 덜덜 떠는 소리가 들렸고, 우울한 광증에 사로잡힌 코끼리의 머리 같은 증기

기관의 피스톤이 단조롭게 상하운동을 했다. 서로 똑같이 닮은 큰 길이 몇 개 있었고 한층 더 닮은 작은 거리가 많이 있었다. 그 거리에는 마찬가지로 꼭 닮은 사람들이 같은 시간에 같은 포도에서 같은 소리를 내며 같은 일을 하기 위해 출퇴근하면서 살고 있었다. 그들에게 매일은 어제나 내일과 꼭 같았고 매해는 작년이나 내년과 꼭 같았다.
…(중략)…

도시의 모든 공적 안내문은 살벌하게 하얀 바탕에 검은 글자로 똑같이 쓰여 있었다. 감옥이 병원일 수도 병원이 감옥일 수도 있었으며, 시청 역시 둘 중의 하나일 수도 있고 둘 다일 수도 있었으며 또는 다른 무엇이 되더라도 안 될 만한 무슨 건축상의 장식이란 아무 것도 없었다. 도시의 유형적인 면 어디나, 무형적인 면 어디나 사실, 사실, 사실뿐이었다. 맥초우컴차일드 학교도, 디자인 학교도, 주인과 고용인 사이의 관계도 온통 사실뿐이었으며 산부인과병원에서 공동묘지에 이르기까지 사실만이 있었다. 그리고 숫자로 서술할 수 없거나 가장 싸게 사서 가장 비싸게 팔 만한 것으로 증명할 수 없는 것은 존재하지 않는 거고 존재해서도 안 되는 거였다. 영원히, 아멘.

사실에 바쳐졌고 사실을 그토록 의기양양하게 주장하는 이 도시는 물론 잘 굴러가겠지? 아니, 꼭 그런 것은 아니었다. 아니었다고? 맙소사! (졸역 35-37면)

번역문으론 실감이 덜할 수도 있겠지만, 도시 전체의 단조롭고 기계적인 모습이 반복되는 구문과 표현, 소리를 통해 전달되는데, 코크타운을 '사실'만이 지배하는 획일적인 반생명의 도시로 만든 원리는 앞서 지적했던 대로 공리주의이다. 이때 관건이 되는 문제는 봉건적 유제를 개혁해서 영국을 구래의 악습과 폐해로부터 구하고자 한 운동이 바로 공리주의인데 디킨즈가 어째서 공리주의를 불온시하는가, 하는 점이다. 공리주의야말로 영국사회의 법적·행정적·정치적 전(前)근대성을 합리적 공리성의 기준에서 재검토하여 '최대 다수의 최대 행복'을 실현하고자 한 노력이고, 특정 행위의

옳고 그름은 그 행위가 유발하는 쾌락과 고통의 양을 산술적으로 계산한 결과에 따라 판단하는 방식을 통해 객관적 윤리학의 토대를 마련하고자 한 것이 아닌가. 그러나 디킨즈가 실제에서 정치와 행정 분야의 근대적 개혁을 목표로 1855년에 결성된 행정개혁위원회(Administrative Reform Association)의 회원으로 적극적인 활동을 전개하였다는 점이나, 여러 작품들에서 봉건석 인물들이 지닌 미덕에는 그것대로 주목하면서도 그들이 지닌 비합리성과 구식성을 비판하였다는 사실을 종합해 보면 그가 봉건질서로의 회귀를 희망하는 반동이어서 근대적 개혁을 추진하는 공리주의를 비판했다고 결론 내릴 수는 없을 듯하다. 오히려 본고의 결론을 앞질러 말한다면, 공리주의적 개혁을 통해도 해결되지 않는 문제, 달리 말하면 개혁을 추진하는 기본 정신과 개혁이 진행되는 방향 자체를 디킨즈는 문제시하는 것이다.

코크타운에서 공리주의를 대표하는 인물은 학교이사장이고 장차 국회의원이 되는 토머스 그래드그라인드(Thomas Gradgrind)이다. 그의 체계에서는 “숫자로 서술할 수 없거나 가장 싸게 사서 가장 비싸게 팔 만하다고 증명할 수 없는 대상은 존재하지 않는 것”(67면)이고, 엄연히 존재하는 객관적 사실이라도 이 원칙에 어긋나면 ‘사실’이 아닌 것으로, 더 나아가 존재하지 않는 것으로 간주된다. 모든 일을 “덧셈, 뺄셈, 곱셈, 나눗셈”(같은 면)에 의해 해결하는 식으로 그 나름의 합리성에 근거한 그래드그라인드의 공리주의는 산업기술과 자본제 생산양식의 핵심원리에 닿아 있는 것으로 보인다. 그의 학교가 학생에게 강요하는 추상과 계산의 정신이야말로 자본주의경제가 유지, 발전하는 데 필수적인 요소라고 할 수 있다. 계산에 의거한 형식적 합리성이 생산현장에 본격적으로 도입된 때는 주지하는 대로 산업혁명시기이다. 산업혁명의 과정에서 이전 사회의 작업장과 가정의 미분화, 작업과 유희의 혼재 상태는 생산성 향상에 저해되는 비합리적인 장애물로 부각되었고, 생산과정의 합리화·전문화가 고도화됨에 따라 노동자의 인간적·개성적·질적 요구는 오류의 원천으로만 간주되게 되었다. 맑스가 자본주의경제를 분석하는 출발점으로 삼았던 기본단위가 상품인바, 상품의 가치를 결정하는 것은 개개 생산자가 실제 상품을 생산하는 데 들이는 노동량이 아니라 이 노동량의 평균치, 즉 사회적 필요노동의 양이다. 개개 노동의 질적 차이 대신 노동의 양이 중시되며, 질적 차이도 양으로 환산해낼 수 있는 산술과 추상의 정신이 요구되는 것이다. 어떤 상품을 생산하기까지 소용되는 사회적 필요노동량 간의 등가교환이라는 가치법칙이 전일적으로 관철되는 사회가 산업혁명 이후의 자본주의사회인데, 이 소설에서 '사실'과 관련하여 거듭 등장하는 계산, 도표, 조사서, 보고서 등이야말로 상품생산과 교환의 토대를 마련하는 일에 봉사한다. 그러나 산술과 추상의 정신에 매달리는 한 인간성에 대한 피상적 이해방식에서 한 발짝도 나가기 어려운 법이라는 진실은,[67] 그래드그라인드가 자기 자식을 끔찍이 사랑하면서도 맏이인 루이자(Louisa)가 난롯불을 보며 끊임없이 궁금해하는 소이를 짐작조차 못하는 데에서 여실히 드러난다.

텍스트에서와 마찬가지로 영국사의 실제 진행에서도 그래드그라인드가 대표하는 합리주의의 정신은 개인의 무한정한 이익추구를

---

67) 맑스는 공리주의자인 벤섬이 상정한 인간이 부르주아지의 추상체에 불과한 존재이지 구체적이고 역사적인 인간 이해에 근거한 것이 아니라고 지적하면서, 인간에 대한 그의 단순하고 피상적인 이해방식을 비판한 바 있다. Karl Marx, *Capital: A Critique of Political Economy* vol. I, trans. Ben Fowkes (Harmondsworth: Penguin, 1976), 758-59면의 주51 참조.

정당화하는 자유방임주의와 결합하는데, 『어려운 시절』에서 그래드그라인드와 합세하여 빅토리아시대 공리주의의 총체를 보여주는 인물이 코크타운의 대표적 공장주인 바운더비(Bounderby)이다. 그래드그라인드와 그의 "막역한 친구"(27면) 바운더비가 학생들과 노동자들에게 주입하는 내용은 푸꼬(Foucault)가 『훈육과 처벌』(*Discipline and Punish*)에서 제시한 '훈육'의 개념으로, 즉 대중을 자본주의 생산관계에 순응시키는 훈육 과정이라고 해석할 수 있다. 대중이 자본주의경제 리듬을 받아들이도록 하기 위해서는 물리적 강압뿐 아니라 심리적이고 정신적인 기제까지 총동원되는 법인 것이다. 처음부터 허풍선이 사기꾼의 이미지와 겹쳐져서 제시되는 바운더비는, 기회만 생기면 아무데서나 자신이 무일푼으로 출발하여 현재의 지위를 일궈낸 인물임을 자랑한다. 하지만 바운더비가 떠벌리는 '성공담'은 단지 자기만족만을 위한 게 아니다. 그의 허풍은 엄연한 사회적 효용이 있는바, 자수성가의 신화는 하층민의 자기주장이나 개혁요구를 억누르는 데 더할 나위 없이 효과적인 것이었다고 한다. 자유방임주의자인 스마일즈(Smiles)는 근면, 검약, 자기수양을 권면하는 『자조론』(*Self-Help*)이라는 저서에서 "몇몇 사람이 성취한 것은 별다른 어려움 없이 누구나 성취할 수 있는 것이다. 같은 방법을 사용해보아라, 그러면 동일한 결과가 따라올 것이다"[68]라고 설교하였다. 빈곤을 당사자의 게으름이나 방탕한 생활 탓으로 돌리는 이런 논리는, 빈곤을 당사자 탓으로 치부하는 개정구빈법의 전제나 다수의 빈곤을 합리화하는 맬서스(Malthus)의 인구론에서 보듯 당대 중산층 사이에 폭넓게 퍼져 있던 논리이다. "육 펜스로 육

68) Pam Morris, *Dicken's Class Consciousness: A Marginal View* (London: Macmillan, 1991), 8면에서 재인용.

만 파운드를 번 코크타운의 자본가 누구나, 육만에 가까운 일손들 각자가 육 펜스로 육만 파운드를 벌지 못하는 이유가 궁금하다고 항상 이야기하며, 이런 사소한 일도 하지 못한다고 일손들 모두를 대체로 비난했다"(147면)고 하는데 이런 신화야말로 사실이 아니라 "허구"(같은 면)에 불과한 것이다. 바운더비의 자수성가에 대한 '허구'는 노동자의 정당한 요구마저도 "황금수저를 갖고 자라수프와 사슴고기"(92면, 157면, 291면 등)를 먹겠다는 주장으로만 받아들이는 자본가 특유의 자기 편의적 사고, 그리고 '부당한' 간섭을 받는다고 느낄 때마다 "차라리 재산을 대서양에 집어던지겠다"(140면)고 협박하는 자본가의 허세와 함께 "중산층 권력의 행사를 지원하고 유지하는 허구"[69]로 기능한다. 이와 같은 담론은 부르주아지가 하층민에 대해 행사하는 힘이 우월한 경제력과 물리력의 결과일 뿐 아니라 이데올로기적 조작의 결과이기도 하다는 점을 잘 보여준다.

이 작품에서 '사실'의 세력이 강요하는 형식적 합리성과 반대편에 위치하면서 공리주의가 부정하는 공감력과 상상력으로 실질적인 합리성을 대표하는 인물은 씨씨(Sissy)와 곡마단이다.[70] 여기서 자세히 논할 겨를은 없지만, 이들의 인간성과 상식성은 민중의 자발성, 창의성에 맞닿아있으면서 그래드그라인드·바운더비 체제를 비판하는 준거가 된다. 사실, 근대는 씨씨가 대표하는 실질적 합리성이 진전되어온 역사이기도 하지만 그에 못지않게, 아니 그 이상으로 코크타운의 세계가 대표하는 형식적 합리성이 확장되어온 역

69) Rosemarie Bodenheimer, *The Politics of Story in Victorian Social Fiction* (Ithaca & London: Cornell UP, 1988), 189면.

70) 필자는 앞서 언급했던 「공리주의와 형식적 합리성: 『어려운 시절』」에서, 씨씨가 보여주는 실질적 합리성 및 진정한 창조성에 대해, 그리고 곡마단의 작중 역할과 그 의의에 대해 각각 논의한 바 있다.

사이기도 하다. 정치, 경제, 문화 등 사회 각 부분에서 고립적이고 자립적으로 추구되는 합리성이 극단으로 나아간 결과를 우리는 공황에서 볼 수 있는데, 공황이야말로 개별 작업장의 합리적 생산과 별도로 자본주의경제 전체가 지니고 있는 비합리성과 우연성의 극명한 표현인 것이다. 대상의 총체적 연관이 아니라 각 부분체계의 명목적 합리성에 집착해서는 대상 사이의 연관과 질적 차이를 고려할 때만 확보할 수 있는 실질적인 합리성을 놓치기 일쑤인데, 부르주아지의 물화된 의식의 문제라고 흔히 지적되는 이러한 폐해는 자본주의적 분업관계에서 비롯하는 것이며, "모든 개별현상들 속에서의 엄격한 합법칙적 필연성과 전체과정의 상대적인 비합리성 사이의 상호작용"71)에 근거한 자본주의의 기본 원리가 지닌 맹점을 그대로 보여주는 것이기도 하다.

디킨즈의 공리주의 비판은 많은 논란을 불러일으켰다. 대표적인 예로 윌리엄즈(Raymond Williams)는 디킨즈가 공리주의의 "대표적 인물인 토머스 그래드그라인드를 단죄함으로써, 많은 양의 사회개혁과 산업개혁을 사실상 촉진시켰던 그런 종류의 사고뿐 아니라 조사방법과 입법 활동 역시 단죄"72)하도록 우리에게 요구한다고 비판한 바 있다. 그러나 디킨즈에 대한 이런 식의 비난은 전근대적 악습을 개혁해나가는 공리주의의 실제적 성과는 그것대로 인정하

---

71) Georg Lukács, "Reification and the Consciousness of the Proletariat," *History and Class Consciousness*, trans. Rodney Livingstone (Cambridge, Mass.: The MIT P, 1968), 102면.

72) Raymond Williams, *Culture and Society 1780-1950* (1958; Harmondsworth: Penguin 1963), 105면. 윌리엄즈는 디킨즈의 공리주의 비판에 대한 이런 혹평을 이후의 글에서는 수정한다. 대표적인 예로 Raymond Williams, "Dickens and Social Ideas," *Dickens 1970*, ed. Michael Slater (London: Chapman & Hall 1970), 77-98면 참조.

면서도, 사실과 합리성이라는 미명하에 생산과 노동의 본질적 위기를 불러오는 공리주의의 근본원리를 문제 삼는 작가의 착안점에 멀리 못 미치는 비판인 듯하다. 사실, 위험한 기계 주위에 울타리를 둘러쳐서 노동자의 안전을 도모하고 코크타운의 위생 상태를 개선하는 공리주의 개혁가들의 노력이 의미가 없는 것은 결코 아니다. 그러나 이러한 노력도 그것이 전체적인 시야에 의해 자리매김된 채 이루어지지 않는다면, 그것은 코크타운 같은 생지옥을 '견딜' 만한 곳으로 바꾸는 차원에 머무를 수밖에 없는데 디킨즈의 비판이 바로 이러한 차원에 향해지고 있는 것이다.

그래드그라인드 같은 개혁가들은 세상만사와 그에 대한 일체의 설명을, 편협한 합리주의의 틀에 맞춰서 사실과 상상으로 나눈다. 우리 역시도 이 틀을 벗어나지 못하는 한 『어려운 시절』을 사실에 대한 상상의 우위나 둘의 절충을 역설하는 수준으로 읽을 수밖에 없을 테지만[73] — 이 틀에 갇혀서 이 작품을 읽어내는 20세기의 많은 비평가들은 어떤 의미에서는 '현대판 그래드그라인드'인 셈이다 — 디킨즈의 실제 생각은 사실/상상의 이분법을 지양하면서 진행되고 있다. 이것은 씨씨와 그래드그라인드, 씨씨와 제3의 신사 사이에 진

73) 말이 나온 김에 얘기하자면 절충주의적 생각은 차라리 그래드그라인드가 작품 속에서 보여주는 한 과정에 가깝다. 1권 14장에서 그래드그라인드는 씨씨가 학교 교육에 적응하지 못하는 지진아이지만 따뜻하고 성실하며 착한 행동으로 인해 가족들에게 도움이 되는 존재라고, 그 나름으로 좋게 평가한다. 간단히 말해 씨씨에게 "도표로 표시할 수 없는 무엇"(116면)이 존재하는데 그것이 무시해도 좋을 만큼 단순한 게 아니라고 생각하는 것이다. 이때의 그는 도표로 표시할 수 있는 사실과 표시할 수 없는 그 무엇, 둘 다를 인정하는 셈이다. 그러나 루이자의 비난을 받고, 무엇보다도 톰(Tom)과 빗쩌(Bitzer)에 의해 자신이 생명처럼 여기던 사실의 철학이 그 자신에게 거꾸로 겨누어지면서 공리주의의 문제를 온몸으로 실감하기까지, 그래드그라인드가 가야할 길은 아직도 멀다.

행되는 교실의 문답장면을 보나, 코크타운의 공장주들이 만들어내는 온갖 "허구"에 대한 비판적 시선을 보나 명백하다. 예의 이분법을 따른다면, 사실의 세력을 대표하는 위인은 그래드그라인드와 바운더비이고 상상 쪽에 서 있는 인물은 씨씨와 곡마단일 것이다. 그러나 그래드그라인드의 사실 개념은 앞서 말했듯 객관적으로 존재하는 사실이라도 사기의 원칙에 어긋나는 것이면 존재하지 않는다고 강변하는 개념이며, 바운더비는 어떤 의미로는 작중 인물 중에서 어느 누구보다도 상상력이 풍부한 인물이다. 그가 노동자의 정당한 요구를 억누르기 위해 자신의 낮은 출생신분을 꾸며댈 때 그의 상상력은 자유방임주의의 철면피한 이윤추구와 맞물려 돌아가고 있는 것이다. 씨씨는 또한 가장 상식적이고 현실에 충실한 인물이다. 코크타운을 지배하고 유지하는 사실은 "세상과 모든 생명체를 설명하기에 충분한 것으로, 유일하게 충분한 설명으로 거만하게 제시된 협소하고 무미건조한 통계자료나 정의"74)를 의미한다. 그런데 디킨즈가 코크타운에 대한 묘사에서, 그리고 그래드그라인드나 바운더비에 대한 묘사에서 역으로 보여주는 바는, 사실적인 방법에 전적으로 의존하기보다 사실적인 것과 상상적인 것을 필요할 때 필요한 만큼 섞어서 구사하는 표현 방법이 대상을 설명하고 그 본질을 파헤치는 데 있어 더 정확하고 더 효과적이라는 현실이다. (디킨즈가 이 둘을 지양하는 어떤 '제3의 원칙' 대신에 둘 중의 어느 한 편에 서 있다면 사실적인 것과 상상적인 것을 통합할 수 없을 것이다). 그래드그라인드와 바운더비가 지니고 있는 사실관, 상상관의 비상식성과 비효율성을 지적하는 디킨즈의 계산은, 공리주의의 합리성을 뛰어넘는 진정한 합리성에 의해 기존의 가치

---

74) David Sonstroem, "Fettered Fancy in *Hard Times*," *PMLA* 84-3 (1969), 520면.

와 교육, 생산체계의 조직원리가 근본적으로 재조정되어야 할 필요성을 인식하는 데에서 비롯한다. '근본적인 재조정'이 필요한 까닭은 근대의 출발과 그 진행이 형식적 합리성에 매달려서 대상 사이의 질적 차이와 그 연관에 대한 고려 및 민중의 창의성을 크게 억압하는 바탕에서 이루어졌기 때문인데, 자본주의적 근대의 전세계적 대세를 이루는 그래드그라인드의 사고방식, 즉 기존의 합리주의 틀에 매달려서는 근대세계의 조직과 운영원리를 합리적으로 아무리 재조정해보았자 또다른 '코크타운의 세계'를 양산하는 데 그칠 뿐이다.

3

『어려운 시절』에서 디킨즈가 반영하는 현실이나 비판하는 내용은 오늘날의 시대에 얼마만큼의 적실성을 지니는 것인가. 벨(Bell)은 『탈산업사회의 도래』(*The Coming of Postindustrial Society*)라는 책에서 산업사회는 이미 끝난 것인 만큼 자본주의적 근대의 문제는 현금의 문제와는 동떨어진 구시대의 문제일 뿐이라고 주장한다. 확실히 자동화와 극소전자기술, 다국적기업체로 특징지을 수 있는 오늘날의 생산이 산업혁명 이후 특정 단계의 생산방식과 달라진 면이 있기는 하다. 그러나 현금의 생산양식에서 자본주의의 부정적 문제점이 제거되었다고 간주하는 태도는 그릇된 것인데, 우리는 만델(Mandel)의 생각을 따라 오늘날의 자본주의가 19세기의 그것보다 '더욱 순수한 자본주의'라고 주장할 수도 있는 것이다. 벨이 주목하는 과학과 지식·기술공학적 발명, 그리고 정보가 중시되는 특징이야말로 실은, 자본주의의 확산을 가리키는 지표인 것이며,[75] 탈산업사회의 작업 역시 산업사회의 비인간적 노동과 연속되어 있는 것이지 별개의 것이 아니다. 수량화·평준화에 기초한 산업사회를 어떤 의미로 확대 증폭시킨 사회가 이진법에 기초하여 컴퓨터가 일궈내는 탈산업사회인 것이다.

한때는 많은 사람들이 경제가 발전하기만 하면 혹은 생산력의 증가와 공정한 분배가 실현되기만 하면 물질적이고 정신적인 풍요를 맘껏 누릴 수 있으리라는 기대를 가지고 있었다. 그러나 오늘날 인류는 '커다란 기대'가 자칫 '잃어버린 환상'으로 전락해버릴지도 모르는 현실에 처하게 되었다. 실업의 위기, 생태계의 위기를 비롯하여 삶의 근본적인 위기가 날로 심화되고 있는 것이다. 코크타운의 노동자 스티븐(Stephen)이 항변하는 것처럼 많은 사람들이 "도시에 살도록 끌려와서 실을 짜거나 보풀을 세워가며 태어나서 죽을 때까지"(184면) 열심히 성실하게 살아왔는데 어째서 행복은 "해를 거듭하고 세대가 바뀔수록"(같은 면) 점점 멀어지는가. 무엇이 잘못되었는가. 『어려운 시절』에서 디킨즈가 지적하는 대로, 사실과 상상, 그리고 생계를 유지하는 일과 자기충족이 분리되어 있는 한, 하루의 노동시간이 아무리 줄어들고 여가시간이 아무리 늘어도 또 빈곤이 아무리 경감해도 그것은 또다른 '코크타운의 세계'에 불과한 것이다.

제임슨에 따르면 탈산업사회라고 잘못 칭해지는 현금의 후기자본주의는 이제까지 자본에 대한 저항진지의 역할을 하던 자연과 무

---

75) 만델의 '후기자본주의론'을 받아들이는 제임슨은 탈산업사회를 주장하는 벨이 주목하는 지표야말로 자본이 이제까지 영토화하지 않았던 미개척지마저도 자기 영토로 삼는 자본의 '팽창'을 나타낸다고 설명한다. Fredric Jameson, "Foreword," Jean-François Lyotard, *The Postmodern Condition: A Report on Knowledge* (Minneapolis: U of Minnesota P, 1984), xiv면 참조.

의식마저 자본에 의해 식민화되는 현실을 보여주는 것이라고 한다. 여기서 자연은 농업혁명에 의해 파괴된 제3세계의 농업을 의미하며, 무의식은 미디어 및 광고산업의 발달과 함께 변질된 문학예술을 주로 의미한다.[76] 자본은 그것이 확장할 공간을 더 이상 찾지 못하게 되면 이전까지 자본의 영역 바깥에 놓여 있던 부분을 새로이 영토로 개척하여 스스로를 유지하고 확대해내는 속성을 지니는 바,[77] 이는 문학예술과 관계해서도 마찬가지이다. 사실/상상의 이분법 위에서 '사실'만을 절대시하는 세력이라고 해서 문학예술을 도외시했던 것은 물론 아니다.[78] 전체적으로 볼 때, 이들이 문학예술을 가르친 주목적은 일터에서 지친 채로 집에 돌아온 남성을 따스하게 맞아줄 숙녀를 양성하거나 식민지 백성에게 식민모국의 정신적 우월성을 주입하고자 하는 것이었다. 자본을 중심으로 생각할 때, 이 시기에는 그래도 자본의 성장에 아직 여유가 있어서인지 진정한 문학이 자본의 자장 바깥에 자리잡을 여백이 있었지만, 최근에는 자본이 문학예술을 직접 포섭하여 자기 증식에 동원하는

---

76) Fredric Jameson, *Postmodernism, or, The Cultural Logic of Late Capitalism* (Durham: Duke UP, 1991), 36면 참조.

77) 하트는 푸꼬와 들뢰즈를 헤겔, 맑스와 비교하는 글에서 푸꼬와 들뢰즈가 암시하거나 언급하는 군주사회(체제), 훈육체제, 통제체제를 각각 봉건적 생산관계, 자본에 의한 노동의 형식적 포섭단계, 그 실질적 포섭단계에 상응하는 것으로 해명한다. Michael Hardt, "The Withering of Civil Society," *Deleuze and Guattari: New Mappings in Politics, Philosophy, and Culture*, ed. Eleanor Kaufman and Kevin Jon Heller (Minneapolis: U of Minnesota P, 1998), 23-39면 참조. 제임슨이 주목한 새 단계, 즉 자본에 의해 자연과 무의식마저 근절되는 단계는 통제체제 내지 자본에 의한 노동의 실질적 포섭단계에 해당하는 것으로 이해할 수 있다.

78) 예컨대 그래드그라인드 학교의 교사인 맥초우컴차일드(M'Choakumchild)는 온갖 사실적 지식과 산술뿐 아니라 작시법과 성악, 회화에도 정통한 인물이며, 코크타운에는 디자인 학교도 엄연히 존재한다.

차이점을 보여주는 듯하다. 대략 18세기 후반에 후견인(patron) 제도가 붕괴된 이후 문학 예술품이 상품의 위치에서 자유로웠던 적은 한번도 없었다고 할 수 있다. 그러나 상대적으로 볼 때 — 이 경우에는 상대적인 차이가 절대적으로 중요하다 — 이전 단계까지는 작품의 내적 자율성은 일단 인정한 후 그 전제 위에서 생산된 완제품을 교환의 내상으로 삼았나년, 이제는 생산과성에, 아니 생산의 기초 단계부터 자본이 개입하여 그 영혼까지 송두리째 상품화하는 것이다. 만물의 상품화가 진행될수록 자본 바깥에는 어떠한 것도 남아있을 수 없는데, 제임슨이 60년대 이후 영상, 회화, 문학 등에서 일어난 문화면의 변화가 그 저변에 놓인 현실 자체의 심대한 변화를 표현한다는 믿음에 근거해서, 문화뿐 아니라 사회, 경제 등 전 부분에 걸쳐 일어나는 전반적인 변화를 지칭하는 개념으로 포스트모더니즘이라는 용어를 사용하는 것도 이런 맥락에서이다.

포스트모더니즘 시대에 새로이 벌어진 두드러진 일은 '문화의 폭발'이라고 칭할 만한 현상이다. 오늘날 자본주의가 구성되고 재생산되는 데, 매체, 광고, 이미지 등의 문화현상이 수행하는 역할은 상당하다. 겉보기에 좀 더 새롭게 보이는 상품생산이 중요하게 된 포스트모더니즘 시대에는 미학적 갱신이나 실험에서 유래하는 스타일상의 변화가 상품 판매에 결정적인 요소로 자리잡게 되고, 미적 생산과 일반 상품생산을 구분하는 일 자체가 불가능해진다. 고호(Van Gogn)의 농사꾼 신발 그림과 종종 비교되는 「다이아몬드 가루 신발」(*Diamond Dust Shoes*)를 그린 워홀(Andy Warhol)은 "사업에서 성공하는 것이 가장 환상적인 종류의 예술이다"[79]라고 선언

79) Alex Callinicos, *Against Postmodernism: A Marxist Critique* (Cambridge: Polity P, 1989), 155면에서 재인용.

하기도 하였다. 이제, 독일고전철학 이래 모더니즘까지만 해도 자본의 존재 외곽에 위치해서 자본을 비판하고 그것에 저항하는 준거점으로서의 기능을 담당하던 문화가, 상품미학으로 변모하면서 자본과 분리할 수 없도록 결합된 것이다. 자본의 필요에 의한 이러한 변화를 제임슨이 문화의 소멸이 아니라 문화영역의 확장이라고 설명한다는 점이 그의 특이한 면인데, "우리는 문화의 자율적 영역의 해체를 오히려 폭발이라는 각도에서, 즉 경제학의 가치와 국가권력에서부터 다양한 실천과 인간심리의 구조 자체에 이르기까지 사회생활의 모든 면면이, 모종의 독창적이지만 아직 이론화되지 않은 의미에서 이미 '문화적'인 것이 되었다고 말할 수 있을 정도로, 사회의 모든 영역에 걸쳐 문화가 엄청나게 팽창했다는 각도에서 생각해야 한다는 사실을 긍정할 수밖에 없게 된다"[80]는 것이다.

전 시대의 문명이 진정한 문학예술에 우호적인 환경이었던 것은 아니지만, 지구화의 만개와 더불어 자본의 바깥은 없다,라는 진술이 실질적으로 성립할 만큼 고도화된 현재의 문명이 창조적인 문학예술에 가하는 위협은, 그것이 열어주는 새로운 가능성을 새삼 압도하는 듯하다. 포스트모더니즘이 열어준 가능성으로는 그것이 추구하는 대중성과 민주성을 꼽을 수 있겠다. 모더니즘 예술가들이 통속화되어 가는 환경에서 예술의 혼을 지키기 위해 스스로를 대중으로부터 격리시키는 엘리트주의의 길을 택했다면, 포스트모더니즘에서는 문학예술이 좀 더 대중적이고 민주적으로 되어야 한다는 주장 하에 모더니즘을 거치면서 약화된 예술과 일상적 삶의 연관을 재구축하고자 시도한다. 하지만 포스트모더니즘이 추구하는 대중성은 개인의 주체성과 자발성을 존중하는 대중성이 아니라

---

80) *Postmodernism, or, The Cultural Logic of Late Capitalism*, 48면.

자본의 새로운 필요에 부응하는 만큼의 대중화·다양화에 불과한 것이며, 그 민주성이란 것도 내용을 들여다보면 회의적일 수밖에 없다. 포스트모더니즘 시대에 와서 모더니즘의 '고전'이 대학의 독서목록에 편입되는 현상이 민주적이고 평민적인 속성을 지닌 대중적 압력에 의해 일어나지만, 이 '제도권 진입'은 그 '고전'이 지니고 있는 폭발성 뇌관을 제거한 채 이루어진 일일 뿐 아니라 60년대 대학제도의 관료적 팽창과도 관계있는 일이기 때문이다.

90년대 이후 거론되는 '문학의 위기'는 현대문명의 대세를 이루는 공리주의적 사고방식, 즉 그 형식적 합리성이 진정한 문학의 자리를 끊임없이 위협하는 가운데, 그 세력과 긴장관계에 서기보다 상대적으로 용이한 타협과 순응의 길을 택한 문학자 자신들이 초래한 측면도 있다고 생각한다. 정작 필요한 것은 두셀(Dussel)이 말하듯이[81] 도구적 이성을 단순히 대치하는 것이 아니라 지난 500년간 발전해온 세계체제 자체를 극복하는 근대 초극의 과제인데 말이다.

81) Enrique Dussel, "Beyond Eurocentrism: The World-System and the Limits of Modernity," *The Cultures of Globalization*, ed. Fredric Jameson and Masao Miyoshi (Durham and London: Duke UP, 1998), 19면 참조.

인용문헌

김영희. 『비평의 객관성과 실천적 지평: F. R. 리비스와 레이먼드 윌리엄즈 연구』. 서울: 창작과비평사, 1993.

장남수. 「공리주의와 형식적 합리성: 『어려운 시절』」. 『디킨즈 후기소설 연구』. 울산: 울산대학교출판부, 2007.

역. 찰스 디킨즈. 『어려운 시절』. 1989; 서울: 푸른미디어, 1994.

Bilan, R. P. *The Literary Criticism of F. R. Leavis*. Cambridge: Cambridge UP, 1979.

Bodenheimer, Rosemarie. *The Politics of Story in Victorian Social Fiction*. Ithaca & London: Cornell UP, 1988.

Callinicos, Alex. *Against Postmodernism: A Marxist Critique*. Cambridge: Polity P, 1989.

Craig, David. "*Hard Times* and the Condition of England." *The Real Foundations: Literature and Social Change*. New York: Oxford UP, 1974.

Dussel, Enrique. "Beyond Eurocentrism: The World-System and the Limits of Modernity." *The Cultures of Globalization*. Ed. Fredric Jameson and Masao Miyoshi. Durham and London: Duke UP, 1998.

Hardt, Michael. "The Withering of Civil Society." *Deleuze and Guattari: New Mappings in Politics, Philosophy, and Culture*. Ed. Eleanor Kaufman and Kevin Jon Heller. Minneapolis: U of Minnesota P, 1998.

Jameson, Fredric. *Postmodernism, or, The Cultural Logic of Late Capitalism*. Durham: Duke UP, 1991.

Leavis, F. R. "*Hard Times*: The World of Bentham." F. R. and Q. D. Leavis. *Dickens the Novelist*. 1970; Harmondsworth: Penguin, 1972.

Lukács, Georg. "Reification and the Consciousness of the Proletariat." *History and Class Consciousness*. Trans. Rodney Livingstone. Cambridge, Mass.: The MIT P, 1968.

Marx, Karl. *Capital: A Critique of Political Economy* vol I. Trans. Ben Fowkes. Harmondsworth: Penguin, 1976.

________________ and Frederick Engels. *On Literature and Art*. Moscow: Progress, 1976.

Morris, Pam. *Dickens's Class Consciousness: A Marginal View*. London: Macmillan, 1991.

Williams, Raymond. *Culture and Society 1780-1950*. 1958; Harmondsworth: Penguin 1963.

(영)문학위기론과 문화연구: 연구노트

1

인문학이 위기에 처했다는 소리가 심심찮게 들리는 요즈음, 그 위기의 원인은 무엇이고 그 증상이나 전개과정은 어떠한가. 또한 어떤 의미에서 보면, 가치와 질의 문제에 적대적인 자본주의경제에서 가치와 질의 문제를 중시하는 (인)문학이 위기로 몰리는 것은 '자연스런' 현상이라고 할 수 있는데도 현시점에서 새삼스레 (인)문학의 위기가 거론되는 까닭은 무엇인가. 본 발표(이 글은 울산대학교 인문과학연구소 주최 10차 콜로퀴엄에서 발표했던 내용이다 — 필자)는 이러한 문제의식 하에서 인문학의 위기 원인과 그 증상을 대표적으로 보여주는 영문학위기론(the crisis of English)을 비판적으로 검토하고, 전통적 문학연구의 대안으로 거론되는 문화연구(cultural studies)가 위기를 해결하는 담론이 아니라 오히려 위기를 조장하는 담론임을 주장하고자 한다. 본 연구의 출발점은 창조적인 문학연구는 애초부터 문화연구의 성격을 지닌 것이기도 하다는 믿음이지만, 기존의 자족적이고 폐쇄적인 문학연구에 문화연구가 제기하는 도전의 의의를 부정하지는 않을 것이다.

2

전통적으로 문학은 개인의 창조성을 앙양하고 인간정신의 고결한 열망을 표현하는 고유의 기능을 인정받으면서, 자본의 논리가 지배하는 근대세계에서도 그 나름의 의의와 위엄을 지켜왔다. 그리고 이제까지의 문학론은 우파의 것이든 좌파의 것이든 근대자본주의사회에서 위협받는 창조성과 상상력을 옹호하고 수호하려는 그 나름의 자세를 보여주었다고 할 수 있다. 이에 반해 '영문학위기론'으로 특징지어지는 최근의 문학론은 문학의 실체성을 회의하고 문학의 위상을 격하시키는 데에서 한 걸음 더 나아가 문학이라는 범주 자체를 해소하려는 경향을 보여준다. 이글턴(Eagleton)은 문학과 비(非)문학의 구분이 모호해진 현실을 지적하면서 푸꼬(Foucault)가 말하는 담론행위의 모든 영역이 진지한 연구의 대상이 되어야 한다고 주장한다(205면). 이들의 문화연구가 개별학문의 울타리를 넘어서 연구와 사회 문제 전반에 대한 진보적 개입을 목표로 할 때, 그와 동시에 진행되는 일이 문학의 '특권적' 지위를 부정하고 문학을 영화, 광고와 동일한 의미화 실천의 형식으로 다루는 행위인 것이다.

'문학의 죽음'이라고 칭해지기도 하는 이러한 움직임이 나타나기 시작한 것은 대략 1960년대부터이다. 전통적인 문학 범주의 엘리트성과 억압성을 적발하고 비판하는 (탈)구조주의, 해체론을 거치면서 낭만적 문학관의 생명이 끝나게 된 것이다. 이제까지 창조적 상상력의 원천으로 인정되던 작가의 죽음이 공개적으로 운위될 뿐 아니라 한때는 걸작이라고 평가받던 작품들이 의미가 텅 빈 것으로, 또는 같은 뜻이지만 무한한 의미로 가득한 것으로 여겨지게 되었다. 작품의 의미 역시 텍스트에 내재해 있는 것이거나 보편적이고 항구적인 것이 아니라 잠정적인 것이고 독자에 의해 비로소 의미를 부여받는 것으로 생각되게 되었다. 문학이 세계와 자아에 대한 인간경험의 탁월하고 오묘한 형상화라는 특권적 지위를 빼앗기게 된 데에는, TV나 전자매체가 출판문화의 지위 — 그리고 출판문화의 꽃에 해당하는 문학의 지위 — 를 위협하고 대학에서 문학전공자가 감소하는 등의 외적 요인이 하나의 원인으로 작용한 것은 사실이다. 그러나 더 근본적으로는 이제까지 고전으로 간주되었던 작품이 유럽중심주의, 제국주의, 인종주의, 가부장제 등 다양한 억압구조의 산물일 뿐 아니라 이것들을 은밀한 형태로 재생산하는 데 기여해왔을 따름이라는 비판이 결정적인 타격을 가했다. 1988년에 스탠퍼드(Stanford)대학 총장과 베넷(William Bennett) 사이에서 벌어졌던 논쟁, 즉 "문학고전이 대표하는 전통적인 지적 가치와 덜 특권적인 글들이 대표하는 평등한 성과 평등한 인종이라는 사회적 가치, 이 두 가치가 사회 전체에 대해 지니는 상대적 중요성"(Alvin Kernan, 4면)에 대한 논쟁은 문학의 붕괴가 불러일으킨 광범위한 사회적 도론의 일부였던 것이다.

3

문학의 죽음이라는 논의를 불러온 내적, 외적 요인과 문학연구의 대안으로 부각되고 있는 문화연구를 좀 더 살펴보자. 전통적 의미의 문학을 해체하고자 하는 사람들은 영문학이나 영문학과라는 제도가 보편적이거나 안정적인 것이 아닐 뿐 아니라 그것의 성립과 유지가 특정세력이 자신의 이익을 추구하고자 하는 목적에 따라 이루어진 것이라는 사실을 밝히고자 한다. 또한 연구영역을 대중문화 일반으로 확대하면서 학제적 연구 내지 문화연구를 지향하고, 정전의 반열에 속하는 작품에 대해서도 그 '의미'를 무조건 수용하는 것이 아니라 "모든 기호작용 형식을 그 생산의 실제수단과 조건들 속에서 분석"하는 문화유물론의 시각을 적용하고자 한다. 우리는 문화유물론의 시각을 영문학위기론과 문화연구에 역으로 적용할 필요가 있는데 구체적으로 살펴볼 사항은 다음과 같다.

(1) 영문학이 제도화되는 과정과 정전 논쟁: 문학이라는 개념이 18세기에 출현하여 19세기초에 정착된 과정과 부르주아의 성장 그리고 부르주아 개인주의의 확립은 어떤 관련이 있는가. 여성이나 할 일 없는 사람의 소일거리로 여겨지던 영문학이 언제 누구에 의해 어떤 목적으로 대학제도에 편입되었는가. 옥스퍼드(Oxford)와 케임브리지(Cambridge) 같은 중심대학에서 영문학을 학위과정에 포함시킬 때 벌어졌던 내부논쟁은 무엇을 의미하는가. 문학은 객관적 실체를 지닌 것인가. 문학과 비(非)문학을 가르는 기준은 무엇인가. 예전에 문학이 궁정과 그 주변, 교회, 귀족의 대저택, 서점이나 교양있는 중산층의 서가에 존재했다면 오늘날엔 대학과 문학전공학과에만 존재하는 식으로 축소된 까닭이 무엇인가. 여성작가의 창작이 활발해진 18세기 후반 이후에도 주로 백인 남성의 작품만이 고전으로 인정받는 까닭은 무엇인가. 정전이니 고전이니 하는 개념은 성적·인종적·계급적 편견과 갈등의 소지를 배제한 채 단일한 문화의 개념을 하위집단에게 강제하는 개념이 아닌가. 그러나 다원주의의 관점에서 백인 앵글로색슨 프로테스탄트(WASP) 전통에 속하지 않는 작품들을 무조건적으로 제도권에 끌어들이는 행위나,

고전 내지 정전이라는 개념 자체를 터부시하는 행위는 가치평가의 무정부주의나 상대주의를 조장하는 것 아닌가.

(2) 작가의 죽음과 독자의 부상: 조이스(James Joyce)의 주인공 스티븐 디덜러스(Stephen Dedalus)처럼 부르주아 가정·종교·국가를 거부하고 그 사회의 물질적 가치에 초연한 '낭만적 주인공'으로서의 저자 개념은 왜 생겨났으며 낭만적 작가관이 그간에 일반적으로 받아들여져 온 까닭은 무엇인가. 푸꼬의 주장대로 개인은 자신을 객관화하기 위해 그리고 권력은 권력행사의 대상으로 삼기 위해서 저자 개념이 필요했던 것인가. 바르뜨(Barthes)는 왜 저자의 죽음을 말하는가. 저자의 개념을 푸꼬나 바르뜨식으로 생각하는 것은 역사주의의 맹점 아닌가. 창조력의 담지자이자 문학세계에서 전능한 존재인 작가의 죽음이 독자의 부상을 가져올 필연적 이유가 있는가. 혹시, 독자의 권리를 인정하기 위해 저자를 죽일 필요가 있었던 것은 아닌가. 문학이나 문학적 가치가 독자나 비평가의 해석공동체가 인정해주는 방식 이외의 다른 방식으로는 존재하지 않는다,라는 피시(Fish)의 생각은 해석의 객관성을 처음부터 도외시하고 그것을 불가능하게 만드는 것 아닌가. 문학을 작품이 아니라 텍스트로 보는 관점과 작가의 죽음, 독자의 부상이라는 테제는 어떤 관련을 지니는가. 텍스트의 의미가 자체 내에 완결되어 있는 것이 아니라 불완전하고 불확정적이며 심지어 모순적이기도 하므로 독자가 텍스트에 적극적으로 개입하여 의미를 읽어내야 한다는 마셰리(Macherey)의 주장 역시 의미가 텍스트에 — 비록 '부재'와 '틈새'의 방식을 통해서이긴 하지만 — 존재하긴 존재한다는 주장 아닌가. 작가의 죽음이 거론되는 현실과 창조성·상상력·저작권 등의 개념

이 점차적으로 소멸하는 현상은 동일한 논리의 관철인가, 아닌가. 이들 개념의 부침과 개인 주체의 위상이 부상하고 퇴조하는 현실, 그리고 기술의 발달과는 어떤 관련이 있는가, 등의 문제를 검토한다. 이외에도 (영)문학을 이데올로기로 보는 견해, 특히 부르주아 휴머니즘과 영문학의 관계뿐 아니라 전자문화 내지 싸이버스페이스가 출판문화에 위협을 가하면서 소위 말하는 '구텐베르크 시대'(Gutenberg Age)가 실제로 종말을 맞게 될 것인가의 문제 등도 함께 검토해야 할 사항이다.

(3) 문화연구의 문제의식과 그 의의 및 문화연구와 문학연구의 접점: 문화연구는 현실의 변화를 도외시해온 기존 영문학계의 관행이 영문학의 위기를 불러왔다고 판단하고 분과학문체계를 넘어서는 학제적 연구방식을 주창한다. 문화연구에서 기존의 문학연구를 비판하는 방식은 '위기론자'들의 비판방식과 대동소이하다. 문화연구자들은 작품의 통일성에 대한 가정과 통일성을 담보하는 원천으로서 작가의 상상력에 대한 믿음, 그리고 통일성의 정도에 근거하여 작품 간의 위계를 설정하는 태도는 — 통일되어 있지 않으며 상상력의 발휘 정도가 낮은 대중문화에 비해 — 고급문학에 특권적 위치를 부여하고 문학과 대중문화를 구분하려는 자세와 연결된다고 파악한다. 이들이 문학이든 대중문화이든 똑같은 의미화 실천의 형식으로 동등하게 연구할 것을 주장하는 것도 전통적 문학에 대한 강한 불신이 아니고는 설명하기 어려운 것이다. 이스트호프(Easthope)는 실제, 문학연구를 대신하는 새로운 문화연구의 중심범주로 제도, 기호체계, 이데올로기, 성, 주체위치, 타자라는 여섯 항목을 내세우기도 한다.

문화연구자들이 사용하는 문화의 개념은 인류학자들이 사용하는 개념과는 다르다. 윌리엄즈(Williams)는 그의 『문화와 사회 1780-1950』(*Culture and Society 1780-1950*)라는 저서에서 지식인들이 동시대의 사회적 변화에 능동적으로 개입하여 대응한 산물로 문화 개념을 파악한다. 그의 이러한 견해는 문화의 이데올로기적 역할을 제대로 보지 못하는 '문화론자'의 한계를 노정한 것으로 후배들에 의해 비판받는 빌미가 되기도 하였다. 그러나 윌리엄즈, 톰슨(Thompson)과 그 후배세대를 포함하는 영국 문화연구자들의 공통 관심사 중의 하나는 계급과 계급의식의 문제라고 할 수 있다. 즉 계급사회에서 대중은 어떻게 재현되는가, 부르디외(Bourdieu)가 말하는 '상징적 자본'을 통제하는 집단은 누구인가, 실제로는 다수를 차지하는 사람들이 '소수'에 불과한 것처럼 그릇되게 재현되어온 까닭이 무엇인가, 이러한 재현에서 문학은 어떠한 역할을 하는가, 등의 문제이다(Patrick Brantlinger 64-65면). 이들의 시도는 문학 내지 문화에 역사성과 정치성을 회복하기 위한 노력이고, 그동안 무시되어온 대중문화를 문학연구에 포괄함으로써 문학에서 대중성과 다원주의적 가치를 회복하자는 움직임이기도 하다. 그러나 문화연구자들의 진보적 충동이 문학이 구성물임을 밝혀내고 문학에 대한 부당한 신비화를 경계하는 데로 나가는 것은 좋지만 '문학적 가치' 일체를 부정하는 쪽으로 연결되면 자신의 문제의식과 극단적 상대주의를 구별하는 일조차도 어려워질 듯하다. 또한 의미화 실천의 형식 중에서 문학의 우선성을 부정하고 더 나아가 문학을 폐기해야 한다는 주장을 펼칠 때 빼어난 문학연구는 처음부터 문화연구를 겸하기도 한다는 사실을 간과하는 잘못을 범하고 있지는 않은지, 살펴볼 사항이다.

4

문학연구와 문화연구, 이 둘 중 하나가 다른 하나를 대치하는 방식이 아니라 두 방법의 생산적 만남이 문화연구의 건강한 문제의식을 발전시키기 위해 필요하다면 그 접점을 어떻게 모색할 것인가의 문제가 긴요해지는데, 이 문제는 로렌스(Lawrence), 리비스(F. R. Leavis), 윌리엄즈, 톰슨 등의 글을 실제로 점검하면서 논의할 사항일 것이다. 예컨대, 문화연구에서 리비스는 언제나 비판의 대상에 불과하다. 그것은 리비스를 자유주의 휴머니즘의 대가로 파악하고 그가 문학 이외의 것을 주변화하고 문학 내부에서도 '위대한 전통'에 속하는 작가와 그렇지 않은 작가를 구별하는 위계적 사고를 대표한다고 보기 때문이다. 하지만 리비스가 보여주는 문학적 가치와 수량으로 환산되지 않는 인간적 자질에 대한 관심, 그리고 언어에 대한 깊이 있는 통찰은 위대한 문학이 가능한 터전이자 그것을 판별하는 기준으로서 소중한 것이기에, 리비스와 문화연구의 생산적 대화를 모색해 볼 수 있을 것이다.

참고문헌

Brantlinger, Patrick. *Crusoe's Footprints: Cultural Studies in Britain and America*. New York: Routledge, 1990.

Eagleton, Terry. *Literary Theory: An Introduction*. Oxford: Basil Blackwell, 1983.

Easthope, Antony. *Literary into Cultural Studies*. London: Routledge, 1991.

Fish, Stanley. *Is There a Text in This Class?*. Cambridge: Harvard UP, 1980.

Foucault, Michel. *Discipline and Punish: The Birth of the Prison*. Trans. Alan Sheridan. New York: Pantheon Books, 1977.

______________. *The Foucault Reader*. Ed. Paul Rabinow. New York: Pantheon Books, 1984.

Graff, Gerald. *Professing Literature: An Institutional History*. Chicago and London: The U of Chicago P, 1987.

Kernan, Alvin. *The Death of Literature*. New Haven and London: Yale UP, 1990.

Leavis, F. R. *The Living Principle: 'English' as a Discipline of Thought*. London: Chatto & Windus, 1977.

Widdowson, Peter, ed. *Re-reading English*. London: Methuen, 1982.

Williams, Raymond. *Culture and Society 1780-1950*. 1958; Harmondsworth: Penguin, 1963.

__________________. "Beyond Cambridge English." *Writing in Society*. London: Verso, 1984.

19세기 영국소설, 어떻게 읽을 것인가

1

영국문학사에서 19세기, 특히 빅토리아시대를 소설의 시대라고도 칭하는 이유는 이 시기 동안에 출판된 소설작품이 그 이전이나 이후와 뚜렷이 대비되는 성과를 낳았기 때문이다. 실제, 이 시대에는 양적으로도 4만여 종의 소설이 선보였을 뿐 아니라 질적으로도 고전의 이름에 값하는 좋은 작품이 상당수 나오게 된다. 영문학사상 셰익스피어 시대에 버금가는 활력과 높이를 지닌 유일한 시대라고 할 수 있는 이 시기 소설문학의 성취는 전시대 낭만시인들의 성과를 변증법적으로 발전시키는 가운데 산업화를 거치면서 새로이 불거져 나오는 문제들에 창조적으로 대응한 결과라고 할 수 있겠다.

19세기 영국소설의 비중이나 가치에 비추어 볼 때 그 의미를 제대로 탐구하고 소개하는 연구 성과가 국내에 축적되어 있느냐 하는 문제에 대한 아쉬움이 적지 않던 차에, 지난해에 잇달아 공간된 19세기 영국소설 연구서를 지켜보는 마음은 각별하다. 근대영미소설학회에서 묶어낸 『19세기 영국소설 강의』(민음사, 1998)와 장정희·조애리 교수의 공저인 『페미니즘과 소설 읽기』(동인, 1998)가 바로 그것인바,[82] 예컨대 20여년 전에 한국영어영문학회에서 "영미어문학연구총서"의 하나로 엮어낸 『19세기영국소설 연구』(민음사, 1981)라는 논문집과 비교해 보면 그간 우리 학계가 달성한 연구능력의 신장을 그 폭과 깊이에서 실감할 수 있다. 이것은 단순히 플롯이나 줄거리 소개 수준에 그치는 설명이 대폭 줄었다는 점뿐 아니라 외국논문의 번역으로 대신했던 부분이 국내학자의 상당히 괜찮은 논문으로 대치되었다는 사실에 의해 단적으로 증명되기도 하는 사항이다. 두 권의 연구서를 함께 읽는 독자가 서로 다른 입장이나 시각을 상호 비교하고 보완하는 기회를 가질 수 있다는 점도 우리로서는 기쁘기 그지없는 일이다. 예컨대 『강의』에서 오스틴(Jane Austen)이 사회적 변화에 신경 쓰지 않으면서 남녀의 사랑이야기나 결혼문제를 다루는 데에 관심을 집중한 작가로 부각된다면, 『읽기』의 오스틴은 사랑과 결혼이야기를 다루더라도 그것을 사회 전체의 변화와 긴밀하게 연결해서 다루는 작가로 부각된다. 독자로서는 대조적인 두 가지 독법을 접하면서 오스틴에 대한 이해도 풍성하게 하고 문학 자체에 대한 안목도 높일 수 있는 것이다.

2

『강의』는 "영문학을 전공 혹은 부전공하는 국내의 학부학생 이상의 독자"와 "영문학에 관심 있는 일반독자"를 대상으로 삼고 "19세기 영소설에 대한 체계적이고 총괄적인 개론서"(5면)로 기획된

82) 앞으로는 각각 『강의』와 『읽기』로 줄이고 이들 책에서의 인용은 인용문 뒤에 면수만 병기한다.

책이다. 19세기 영소설의 내적·외적 풍경을 개괄적으로 소개하는 글이 맨 처음을 장식하고 이후에는 스코트(Walter Scott)에서 하디(Thomas Hardy)에 이르는 14명의 소설가에 대한 작가론이 이어지는데, 「19세기 영국소설: 배경과 특질」이라는 모두의 글은 이 시기 소설의 출판 방식과 그 발전, 빅토리아시대의 계급구조와 산업화의 진전, 초기·중기·후기 소설계의 대체적인 윤곽을 간명하고 요령 있게 개관하고 있다. 이후의 작가론은 고른 수준을 보이는 것도 아니고 같은 글 속에서도 작품에 따라 해설이 들쭉날쭉하지만 매편의 작가론이 해당 작가의 개인적·문학적 삶을 다룬 "작가의 생애," 대표작을 중심으로 작품의 "주제, 구성(플롯), 인물, 서술기법"(6면)을 설명하는 "작품세계," 비평상의 쟁점을 소개하는 "평가와 의의," 그리고 "참고문헌"으로 이루어져 있기 때문에, 독자는 이 책을 통해 19세기 영소설의 전체적인 지형도와 아울러서 문학을 대하는 다양한 시각에 접할 수 있다. 서평이라는 제한된 지면에서 모든 작가론을 일일이 검토할 수는 없으므로 앞으로는 상대적으로 잘된 글 중에서 한편을 소략하게 살펴보고 대부분의 글에서 발견되는 일반적인 문제점에 대해 논의하겠다.

『강의』에 수록된 작가론 중에서 디킨즈(Charles Dickens)를 다룬 윤혜준 교수의 글은 스코트나 샬롯 브론테(Charlotte Brontë)를 다룬 글들과 함께 재미있게 읽힌다. 이것은 윤 교수가 디킨즈의 혁신적인 출판방식, 대중성의 문제, 런던이라는 대도시의 경험에 바탕한 독특한 인물 형상화의 방식 등을 개성적인 문체로 소개하면서 복잡하고 다양한 그의 소설세계를 대목대목 잘 짚어주기 때문이다. 그러나 필자로서는 금융자본과 산업자본, 민사소송과 형사소송에 대한 디킨즈의 태도가 서로 다른 것이라는 주장(217-19면)에는 동의하기 어렵다. 산업자본의 예로 윤 교수가 거론하는 『작은 도릿』(*Little Dorrit*)의 도이스(Daniel Doyce)를 산업자본에 속한 인물로 보긴 어렵다는 사실을 떠나서라도, 이처럼 번쇄한 구분은 자본주의적 근대사회를 전면적이고 단호하게 비판하는 디킨즈의 핵심을 오히려 흐릴 수 있기 때문이다. 『어려운 시절』(*Hard Times*)에 대한 논의를 보면, 윤 교수는 이 작품을 일차적으로 "산업소설"(219면)로 읽은 다음에 노동운동과 관련하여 이러저러한 약점을 노출하는 디킨즈의 태도는 "소부르주아의 입장"(220면)을 반영하는 것이라고 비판한다. 그러나 작품의 핵심이 노사문제에 가 있는 것이 아닐 뿐만 아니라 『어려운 시절』을 산업소설로 읽어서는 작품의 현재성을 놓칠 수밖에 없다는 것이 필자의 판단이다. 이 작품의 핵심이 천박한 합리주의와 자유방임주의의 복합체로 제시되는 공리주의에 대한 비판이며 씨씨(Sissy)가 대표하는 민중적 덕성이나 예지가 그 비판의 근거이자 대안적 가치의 요체임을 분명히 인식한다면, 디킨즈가 "'사실'에 맞선 '상상력'의 힘"을 옹호하고 있다거나 "작가의 상상력이 현실과의 전면전에 나서기를 기피"(221면)한다고 판단하기는 어려운 듯하다. 윤 교수의 글이 19세기 영국소설에 대한 "개론서"의 일부로 작성된 것임을 감안한다면 필자의 지적이 지나치게 국부적인 얘기일 수는 있다. 또한 디킨즈의 방대한 작품세계를 짧은 지면에 소개하는 과정에서 일정한 압축과 생략, 그리고 이에 따르는 다소간의 '왜곡'은 어쩌면 피할 수 없는 운명일지도 모르겠다. 그러나 입문적인 성격을 띤 글일수록 현실의 기본구조와 그 핵심 운영원리에 통투하면서도 현실의 어두움에 압도되지 않는 디킨즈의 위대성을 일차적으로 주목하고 소개할 필요성이 더욱 커지는 게 아닐까라는 생각이 든다. 이러한 입장에서 보면 『피크윅 문서』(*Pickwick*

Papers)의 성취에 대한 윤 교수의 판단이 정리되어 있지 않다는 사실(205면과 234면)을 지적하는 것은 오히려 부차적인 문제일 것이다.

올바른 역어의 선정과 확립이 절실하다는 입장에서 한마디 첨언하면 윤 교수는 *Great Expectations*가 "위대한 유산"으로 옮겨지는 현실에 대해 불만을 토로한다(225면). 왕철 교수도 에밀리 브론테(Emily Brontë)에 대한 글에서 *Wuthering Heights*를 "폭풍의 언덕"으로 옮기는 기존의 관행에 대해 예리한 문제제기를 하는데(275면), 이러한 지적에 전적으로 공감하는 입장에서 욕심을 내자면 본인들의 글에서부터 각기 "커다란 기대"와 "워더링 하이쯔"로 옮겼더라면 잘못된 역어를 바로잡는 데 더 실질적인 기여가 되지 않았을까 하는 아쉬움이 남는다.

19세기 영소설의 중요성을 역설하고 그 '위대한 전통'을 추적한 비평가로는 단연 리비스(F. R. Leavis)를 꼽을 수 있는데, 그래서 그런지 『강의』에 수록된 열 개의 작가론 중 여덟 편의 글에서 어떤 식으로든지 리비스가 언급되고 있다. 주목할 만한 사실은 리비스에 대해 기초적 사실의 몰이해가 심심찮게 발견된다는 점이다. 예컨대 영소설의 '위대한 전통'에 속하는 작가군에 대한 파악이 잘못됐을 뿐만 아니라(114면, 287면) 리비스가 때로는 신비평가로(266면) 때로는 모더니스트 또는 형식주의비평가로(411면) 둔갑하기도 한다. 그러나 여기서 리비스가 디킨즈에 대한 평가를 수정하는 과정을 세세히 설명하거나, 사회와 역사에 대한 리비스의 관심과 이에 근거한 그의 실제비평을 예로 들면서 한두 가지의 오해를 바로잡는 것은 급한 일이 아니다. 중요한 점은 리비스에 대한 이해 부족은 어쩌면 우리가 이 글의 주제인 19세기 영소설을 대하는 기본적 자세의 문제점을 은연중에 증거하는 것일지도 모른다는 사실이다.

리비스는 과거의 문학작품에 대한 연구가 현재적 관심에서 출발할 수밖에 없다고 지적한다(*English Literature in Our Time and the University*, 68면). 실제, 그의 위대한 전통론이나 영문학의 창조적 흐름에 대한 관심부터가 현대의 "기술공학적·벤섬적 문명"에서 나날이 위축되고 위협받는 창조성을 어떻게든 지켜내고 가능하다면 되살리고자 하는 현재적 관심의 소산이지, 과거의 위대한 유산을 '정전'으로 고착시킨 후 무조건적으로 떠받들려는 관학파적 태도의 표현은 아닌 것이다. 리비스의 문제의식을 남의 나라에서 나온 소설, 그것도 현재가 아닌 과거의 소설을 읽는 우리의 행위와 연결시켜 보면, 이 땅의 영문학 연구가 '지금 이곳'의 관심사에 얼마나 충실한 채로 진행되는지 자문하게 된다. 하여간 '지금 이곳'의 관심사에 충실하지 않아서는 작품 이해에 관건적인 구체성과 역사성을 자신의 읽기에 온전히 살려내기도, 싣기도 어려울 뿐 아니라 영어 공부에는 관심이 많지만 영문학 공부에는 관심이 태무한 대부분의 요즘 학생들과 교감할 수 있는 기초적인 받침조차 스스로 없애버리는 결과를 낳을 수도 있는 것이다. 예컨대, 오스틴이 시골의 대저택에서 살아가는 서너 가족의 생활을 사실적으로 세밀하게 재현하는 데 장기가 있는 작가라 하더라도 그들의 삶이 사회적 현실과 무관한 것이라면, 그래서 우리가 그의 작품에서 인생과 사회의 의미를 제대로 묻기가 곤란하다면 우리가 오스틴의 작품을 읽고 토론할 필요성은 그만큼 줄어들 듯하다. 『오만과 편견』(*Pride and Prejudice*)을 논할 때에는 엘리자베스(Elizabeth)를 비롯한 여성인물들에게 "결혼 상대의 선택"(92면)이 절실해지는 사회적·경제적 이유 정도는 최소한 언급되었어야 하지 않을까. 또한 '산업소설가'로 분류되는 디즈레일리(Benjamin Disraeli), 개스켈(Elizabeth Gaskell), 킹즐리(Charles Kingsley)

를 논할 때에도 이들의 작품에서 문제시되는 자본주의적 산업사회가 이미 지나간 과거의 문제가 아니라 오늘날에도 여전히 살아있는 문제로 생생히 부각되었어야 하지 않을까, 진한 아쉬움이 남는다.

이 책에서 현재적 관심의 부족은 '리얼리즘'에 대한 지나치게 단선적인 이해의 형태로 드러나기도 한다. 이는 "디킨즈의 세계가 이상적인 세계를 그린 낭만적인 분위기의 것이라면 새커리(William M. Thackeray)의 세계는 인생의 진면목을 그대로 표출한 리얼리즘의 것"(169면)이라는 주장, 샬롯 브론테에서 "19세기 리얼리즘 전통"과 "로맨스적 요소"(263면)를 구분한 후 이 둘이 서로 상치되는 것으로 이해하는 대목, 『워더링 하이쯔』는 낭만주의적인 "로맨스와 리얼리즘의 중간쯤에 위치"(280면)하고 있다는 설명에서 대표적으로 드러난다. 이처럼 리얼리즘을 사실주의와 동일시하게 되면, 사실적으로 제시된 현실의 단면을 아무리 합해 놓아도 현실의 총체적이고 핵심적인 모습이 저절로 제시되는 것은 아니므로, 소재와 기법이 반드시 사실주의적일 것을 요구하지는 않는 리얼리즘문학에 대한 인식이 들어설 여지가 처음부터 배제되게 된다. 하지만 인급된 브론테자매의 문학을 비롯하여 디킨즈, 엘리어트(George Eliot), 하디 같은 19세기 위대한 리얼리스트작가의 작품은 한결같이 좁은 의미의 사실주의는 벗어나 있으면서 자연주의적 사실성과 아울러 서정적이고 상징적인 낭만성이나 표현성을 고루 갖추고 있다 할 것인바,[83] 결국 리얼리즘에 대한 이러한 고정관념은 소설 장르에 대한

83) 리얼리즘을 사실성과 낭만성의 변증법적 극복으로 파악하고 이를 소설비평에 적용한 예로는 백낙청, 「『폭풍의 언덕』의 소설적 성과」, 『외국문학』(1987년 봄) 참조. 백 교수는 "장편소설의 참된 장르적 특징이 사실주의 대 설화문학의 양분법을 극복하여 그 양자를 자체 내에 용해하는 것이라는 점"(255면)을 지적한다.

편벽된 관념의 산물이면서 동시에 해당 작품의 진정한 위대성과 현재성에도 둔감하도록 유도하는 것이다. '전문연구자' 내에서 리얼리즘과 사실주의를 구분하지 않는 경향은 국내의 리얼리즘논의에 대한 무관심의 반영일 수도 있는데, 이처럼 국내 논의를 소홀히 하는 태도는 19세기 영소설을 리얼리즘의 각도에서 읽어낸 국내의 연구성과를 충실히 반영하고 있진 않다는 사실의 또다른 반영일 수 있겠다. 이는 1996년에서 97년까지 19세기 영국소설에 대한 국내외의 연구동향을 분석한 글에서 『읽기』의 저자들이 한국의 "연구자들은 작품의 리얼리즘적 성과를 밝히는 데 큰 비중을 두어왔다"(297면)고 진단한 현실에 비추어 보면 더더욱 그러하다.

3

『읽기』는 그 제목에 나타난 대로 19세기 영국소설을 페미니즘의 눈으로 읽은 연구서이다. 페미니즘에도 여러 갈래가 있겠으나 저자들은 여성의 문제를 초역사적인 남녀의 이원적 대립이 아니라 구체적인 사회·역사적 맥락 속에서 사고하고자 하며, 특히 "성이데올로기 문제, 성과 계급 문제 등"(3면)이 작품에 구체적으로 어떻게 형상화되어 있는지, 그리고 "소설의 문학적 가치나 예술적 가치와 페미니즘의 관련성은 어떠한 것인지"(4면)를 살피고자 한다. 서론 내지 입문에 해당하는 「19세기 영국사회와 여성」에서 장정희·조애리 교수는 빅토리아시대의 여성에게 강요되던 이데올로기적·법적·사회적 위치를 정리한다. 이후의 본론은 오스틴, 매리 셸리(Mary Shelley), 브론테자매, 엘리어트, 하디의 각 작품에 대해 두 저자가 그

동안 써온 글들을 모아 놓은 것이고 마지막에는 최근의 국내외 연구경향을 정리한 「19세기 영국소설 연구동향」이라는 글이 부록식으로 붙어 있다.

『읽기』는 아무래도 '읽기'가 불편한 책이다. 그 일차적인 이유는 지나치게 많은 오자·탈자 때문인데, 이 책의 '오류'는 일반적으로 인정될 수 있는 정도를 벗어나 있는 듯하니 기회가 닿는 대로 바로잡아야 할 것이다. 그러나 곳곳에 잠복해 있는 오식을 헤치고 책을 통독한 독자는 이 책이 이룩한 연구성과가 만만치 않은 것임을 곧바로 알게 된다. 필자가 읽기에 이 책에서 빛나는 부분의 하나는 오스틴을 다루는 제2장이다. 그것은 오스틴에 대한 일반적인 통념, 즉 좁은 세계에 안주해서 바깥세상에는 눈도 돌리지 않은 작가이고 내용과 분리된 형식상의 완결미만을 추구한 작가라는 식의 이해가 '겉모습'에 현혹돼서 작품의 '본모습'을 놓친 결과일 수 있음을 설득력있게 보여주기 때문이다. 「『오만과 편견』에 나타난 결혼의 사회적 의미」라는 글에서 조애리 교수는 이 작품의 여성인물들이 "남편을 획득하는 데 생사를"(37면) 걸 수밖에 없는 사회적 이유를 제시함으로써 작품이 시공을 초월한 남녀의 사랑이야기나 결혼이야기로 읽힐 가능성을 막아준다. 「『설득』(*Persuasion*)에 나타난 사회변화와 여성」에서 장정희 교수는 오스틴이 "직접 역사적 사건을 다루진 않았으나 당대의 시대변화를 정확히 인식한 작가"였을 뿐 아니라 "작품에 이를 객관적이고도 균형 잡힌 시각으로 형상화하고 있"(57면)다고 평가한다. 오스틴은 "젠트리 계급이 중심이 된 사회의 위계질서나 윤리체계가 사회의 다른 중심세력에 의해 대체될 수밖에 없음을 보"(61면)여주고 이러한 변화를 '개선'이라는 각도에서 수용하면서도, "켈린치(Kellynch) 사회가 도덕적·물질적으로 퇴락하기 전 젠트리 중심의 이상적 질서나 가치관들의 장점 또한 귀중한 것으로"(65면) 제시하는 방식을 통해 새로운 변화에 대해서도 아이러니칼한 태도를 보여준다는 것이다. 이제까지 안정되어 있던 많은 부분이 본질적으로 변화하고 흔들리는 사회에서 여주인공 앤 엘리어트(Anne Elliot)가 경험하는 갈등과 주체적 인물로의 성장을 설득력있게 묘파하는 장 교수의 설명을 읽노라면, 위대한 문학작품은 인생과 사회에 대한 탐구를 동시적으로 진행하는 법이라는 사실을 거듭 실감하게 된다.

이 책에서 또하나의 빛나는 부분이 브론테자매의 문학을 논한 제4장인데 이후 계속되는 엘리어트, 하디의 작품에 대한 논의들은 — 한두 가지 예외가 있긴 하지만 — 여성론적 연구가 그간 잊혀지고 지워져왔던 여성의 목소리를 되찾는 차원을 넘어서서 소설을 새롭게 읽는 적극적인 방법일 수 있다는 사실을 적절하게 보여준다. 그럼에도 불구하고 이 책을 순서에 따라 읽다보면 무언가 밋밋하고 동어반복적이라는 느낌에서 벗어나기가 어렵다.

『읽기』가 전체적으로 단조롭다는 인상을 주는 일차적인 이유는, "최고의 리얼리즘 소설은 '자연스러운' 산문에 의존하면서도 당연히 '시적' 효과를 겨냥"(백낙청, 「'감수성의 분열' 재론」, 김치규 교수화갑기념 논문집 『현대영미시연구』, 67면)하는 법이라고 할 때, 작품에 대한 실제 논의가 해당 작품이 불러일으키는 시적이고 정서적인 측면에 소홀한 결과 작품이 전하는 감동이나 감화력을 깊이 있게 설득하지 못한다는 사실에서 찾을 수 있을 듯하다. 예를 들자면 『제인 에어』(*Jane Eyre*)의 초자연적이고 상징적인 부분이나 남녀주인공의 낭만적 성격 등에 주목하여 이 작품에는 시적 자질이 어떻게 드러나며 그것이 제인의 절절한 고민과 주체적 성장을 얼마나 감동적인 것으로 만드는가, 하는 문제를 좀 더 세밀하게 검토할 수도 있었을 듯하다. 하지만 『읽기』의 전체적으로 밋밋하고 평면적인 인상의 문제를 논하더라도, 책 자체가 페미니즘적 독법에 근거하고 있으므로 여성인물의 입장과 생각에 주목하는 관점이 야기하는 문제를 — 좀 더 정확하게 말하면 인물에 대한 이해가 지나치게 단선적인 데서 비롯하는 문제나 작품에 담긴 다른 요소와의 균형감각을 상실한 채 여성인물의 입장과 생각에 치우친 데서 비롯하는 문제를 — 거론하는 편이 낫겠다.

「『폭풍의 언덕』에 나타난 캐써린의 비극」에서 조애리 교수는 캐서린(Catherine)이 히스클리프(Heathcliff)를 '배반'하고 스러쉬크로스 그레인지(Thrushcross Grange)의 린튼(Edgar Linton)과 결혼하는 행위를 "히쓰클리프(와)의 관계를 지속시키고 발전시킬 현실적인 장을 찾지" 못하는 "18세기말 영국여성"(171면)의 현실적 제약 탓으로 해명하는데, 이것은 그녀가 여성이라는 이유로 과다한 '면책특권'을 누리는 셈이라는 게 필자의 생각이다. 캐서린 자신이 자기의 '선택'에 만족해서 안주하는 것은 결코 아니지만 캐서린의 행동이야말로 그가 히스클리프와 공유했던 워더링 하이쯔의 세계가 대표하는 어떤 가능성에 대한 '배신'이며, 그녀 말고 다른 사람이 워더링 하이쯔의 세계가 대표하는 삶의 가능성을 대신 찾아줄 수는 없는 노릇이기 때문이다. 『제인 에어』를 논할 때에도 제인이 여성으로서 특별히 겪는 고통 이외에, 로체스터(Rochester)와의 관계에서 성의 문제와 중첩되어 부각되는 계급의 문제나 크레올사람(Creole)인 버사(Bertha)가 제기하는 인종의 문제가 소홀히 처리되기 때문에 『읽기』에서 시도되는 여성론적 접근이 동어반복적이라는 인상을 준다. 이러한 문제점은 빅토리아시대에 특유하게 존재하는 여성억압의 문제, 자본주의경제에서의 여성문제 일반, 이것들과 기독교 내지 가부장제 이데올로기의 문제들이 정리되지 않은 채 병렬적으로 반복·나열되는 『테스』(*Tess*)에 대한 논의에서도 발견되는데, 이러한 폐단이 이 책을 단조롭게 만드는 데 단단히 일조한다.

개인적으로 이 책에서 각별히 흥미있는 부분은 페미니즘과 문학적 성취의 상관성을 검토하겠노라는 「머리말」의 약속이다. 왜냐하면 저자들은 페미니즘비평이 단순히 특정 문제나 소재, 특정 부류의 인물에만 제한적으로 적용되는 것이 아니라 문학적 성취 자체의 우열을 가르는 문제와 연결될 수 있다고 주장함으로써 페미니즘의 보편타당성을 강조하고 있는 것으로 보이기 때문이다. 그리고 두 교수는 「머리말」에서의 공약(公約)을 공약(空約)으로 만들지 않고 오스틴이나 샬롯 브론테의 작품을 논하면서 여성론적 시각에서의 문제점과 작품의 실제 성과를 연결시키기도 한다. 하지만 『읽기』에 19세기 영국소설을 대표하는 디킨즈에 대한 논의나 엘리어트의 대표작인 『미들마치』(*Middlemarch*) 등에 대한 연구가 빠져 있는 것은, 문학에 대한 논의는 항상 최상의 것을 중심으로 이루어져야 한다는 입장에서 볼 때 단순히 아쉬움에 그치는 문제가 아니다. 특히 이 책에서 대상으로 삼은 작가가 “페미니즘 연구가 활성화되”(4면)어 있는 작가를 주로 분석한다는 취지에 근거한 것이어서 디킨즈에 대한 연구가 빠질 수밖에 없었다면, 이는 페미니즘의 보편성을 내세우는 근거를 스스로 약화시키는 결과를 빚을 수 있는 게 아닌지, 의문이 없지 않다.

4

좋은 책을 놓고 흠만 잡은 것 같다. 하지만 이 글은 영소설 연구의 현재성 확보가 절실한 문제라는 생각에서 우리가 19세기 영국소설을 읽는 이러저러한 태도를 다시 한번 검토해 본다는 뜻으로 쓴 것이다. 작품의 현재성이야말로 소수 전문가에 의해 미리 정해지는 게 아니라 온몸과 마음으로 작품을 읽는 사람들의 끊임없는 토론과 비평, 그리고 쇄신에 의해서만 확보될 수 있는 것이기 때문이다. 또한 지금까지 이 글을 읽어온 독자 중에서는 "19세기 영국소설, 어떻게 읽을 것인가"라는 제목과는 달리 영국소설을 읽는 비법이 요약적으로 제시되지 않는 사실에 대해 속은 듯한 기분을 느끼는 분이 있을 수도 있겠다. 그러나 작품을 읽는 데 뾰족한 방법이나 기술이 있을 수는 없는 일이다. 오히려 독서의 묘수가 존재할 수 있다는 생각이나 또는 작품을 일정한 틀에 맞추어 읽어내기만 하면 된다는 생각을 철저히 버리는 것부터가 올바른 출발이 될 듯하다.

새로운 리얼리즘론의 모색

『리얼리즘과 그 너머: 디킨즈 소설 연구』(갈무리 2001)는 정남영 교수의 학위논문을 1부로 하고 이후에 발표했거나 새로 쓴 디킨즈 관련 논문 3편을 2부에 모아놓은 책이다. 우리는 이 책에서 루카치(Georg Lukács)가 대표하는 기존 리얼리즘론의 성과를 계승하면서도 전 지구적 차원에서 고도화된 자본의 전략에 맞서기 위해 새로운 리얼리즘론을 모색하는 도정에 나선 저자의 지적 관심과 끈기, 그리고 활발한 도전정신을 만나게 된다. 모색의 과정에서 저자가 결정적으로 중요하게 거론하는 인물이 영국의 비평가 리비스(F. R. Leavis)이며 루카치, 리비스와 대화를 나누기 위한 매개물로 활용하는 작품은 "리얼리즘 문학에 당당히 속하면서도 루카치의 리얼리즘론으로 다 포괄하지 못하는 작품"(25면)인 『리틀 도릿』(*Little Dorrit*)이다. 결국, 우리는 900여 페이지에 달하는 디킨즈의 작품과 루카치, 리비스라는 만만찮은 이론가를 통과해야만 정 교수가 구상하는 리얼리즘론을 만날 수 있는 것이다.

정 교수가 변화한 현실에 대응하는 최선책으로 탈구조주의, 해체론, 탈식민주의 등의 최신이론을 좇지 않고 리얼리즘을 갱신하는 일에 관심을 쏟는 것은 근대극복에 실답게 기여할 수 있는 길이 리얼리즘의 길이라는 믿음 때문이다. 그렇다고 해서 저자가 시대의 변화에 모르쇠를 잡으면서 옛날식의 리얼리즘만을 고수하는 답답함을 보이지는 않는다. 우선, 새로운 리얼리즘론은 객관현실의 충실한 반영을 통해 그에 대한 지식을 제공한다는 정도의 의미가 아니다. 현실에 대한 지식을 중요한 일부로 포함하기는 하되, '열린 자아' 사이의 창조적 상호협동에 의해 생성되고 유지되는 '현실'에 기반을 두며 그것을 촉진하는 문학으로서의 리얼리즘을 의미하는 것이다. 이때 일차적 핵심은 '현실'이라는 용어를 통해 강조하고자 하는 내용인데, '현실'은 이미 주어져 있거나 외부에 단순히 존재한다는 의미를 넘어선다. 그것은 "살아 있는 언어와 그것이 나타내는 문화에 의하여 협동적으로 창조되고 유지되는 것"(46면)이며, 또한 "존재하는 것들을 가치 평가적으로 판단하는 측면"(100면 주8)을 포함한다.

루카치와 리비스의 차이는 문학 언어(시적 언어사용)에 대한 관심의 밀도나 '정치적' 입장에서도 찾아볼 수 있지만 단순화해서 문학에서 성취되는 핵심을 현실반영에서 찾느냐, 창조의 측면에서 찾느냐의 문제로 압축할 수 있다. 디킨즈의 이 작품에서 루카치의 리얼리즘론으로 포괄하기 어려운 부분 중의 하나가 감상적 여주인공의 착함과는 다른 종류의 착함과 순진함의 덕성을 구현하는 에이미 도릿(Amy Dorrit)이라는 인물이다. 그녀는 현실 속의 특정 계급이나 경향을 대표하는 전형적 인물이 아니며 현실의 실제적인 반영도 아니다. 그러나 리비스가 에이미에 대해 근대적 삶에 대한 탐구의 중심에 위치한 인물로 평가하는 것은 그녀가 "루카치적 의미의 전형들과의 관계 속"(42면)에 자리 잡고 있을 뿐 아니라 현실의 지배 코드(code) 전체를 문제 삼을 수 있는 창조적 존재임에 주목했기 때문인바, 반영론의 입장에 서는 한 에이미를 적극적으로 감싸 안기는 어려운 일이다.

여기선 에이미를 예로 들었지만 에이미이든 아서 클레넘(Arthur Clennam)이든 대니얼 도이스(Daniel Doyce)이든 긍정적 움직임을 대표하는 인물들에 대해 두 비평가가 각기 보여주었거나 보여줌직한 평가의 차이는 단순히 개별 인물에 대한 생각의 차이에 그치는 게 아니고 그 배후에 더 커다란 차이를 나타낸다. 루카치라면 개인이든 집단이든 그 "활동성의 동력을 생산관계에서 차지하는 위치가 가져다주는 물질적 이해관계"(107면)로 규정하고, 에이미나 아서가 창조하는 진정한 '현실'의 중요성을 소홀히 생각할 것이다. 그러나 "물질적 이해관계"를 중심으로 사고하는 방식은 인간이 "생산력의 담지자로서가 아니라 창조력의 담지자로서 물질과 관계할 가능성"을 보지 못하는 것이며, 생산력 위주의 사고방식은 "그것이 맑스의 『사본』처럼 아무리 풍부하고 정교할 것일지라도 그 무엇에도 종속되지 않은 인간의 자유로운 창조적 활동에 대해서는 아무 것도 말해 주지 못한다"(126면)고 한다. 들뢰즈(Deleuze)와 가따리(Guattari)가 국가권력의 속성으로 주목하는 사항 중에 그 권력이 "분자화된 형태로, 미세한 씨앗(혹은 바이러스)의 형태로 이식되어 번식하는 것"(162면)을 지칭하는 "미시적·분자적 차원의 작용"(같은 면)이라는 것이 있다. 이는 작품 속에서 바너클(Barnacle) 일족이나 에돌림청(Circumlocution Office)이 그 힘을 자기들의 세계 너머로 확산시키는 방식에서 대표적으로 나타나는데, 에이미가 보여주는 개별성이나 창조성은 이러한 권력의 작동방식에 대한 비판을 넘어서 그것이 근거할 수 있는 토대 자체에 대한 강력한 도전이 되는 것이다.

이 책이 리비스의 생각에서 강력한 원군을 만나는 것은 사실이지만 리비스의 견해를 전적으로 받아들이는 것은 아니며 이는 『어려운 시절』(*Hard Times*)의 노동운동이나 슬랙브리지(Slackbridge)에 대한 평가를 보면 잘 드러난다. 리비스의 경우는 슬랙브리지를 지도자로 내세운 노동운동에 대한 묘사가 작품의 가치를 떨어뜨린다고 보는 반면, 정 교수는 디킨즈가 이 부분을 통해 "위 혹은 외부로부터의 지도와 그에 따른 일사불란한 행동"(217면) 식으로 전위(당)와 대중(노동자)의 관계를 설정하는 조직원리 내지 정치관에 대한 비판을 수행하는 셈이라고 이해한다. 이는 의도하는 목표가 아무리 훌륭하더라도 대중을 "수동적 존재로 전락"(219면)시키는 방식으로는 진정한 근대의 극복을 기대할 수 없으며, 민중에 의한 정치권력의 단순 장악보다 체제가 "주도면밀하게 배제하고 억압하는 삶(의 활동)의 다양성, 자율성, 능동성을 창출하고 회복하는 것"(238면)이 자본의 감옥에서 벗어나는 유일한 길이라는 저자의 생각이 일관되게 유지된 결과로 보인다.

그러나 정 교수의 모든 설명에 필자가 동의하거나 만족해하는 것은 아닌데 에이미의 경우를 살펴보자. 에돌림청의 세계에 대한 답이 에이미로 족한 것은 아니며 다니엘 도이스, 더 나아가 이들을 자리 매김하는 작가 디킨즈의 "총체적 창조성"(130면 등)이 필요하다는 사실은 리비스뿐 아니라 정 교수도 강조하는 사항이다. 그러나 새로운 사유와 리얼리즘론에서 주목해야 할 부분, 즉 인간의 창조성이나 진정한 개별성 같은 능동적 활동을 강조하고자 하는 전체적인 구도 때문에 작품의 2부 앞부분에서 에이미가 보여주는 '약점'이 소홀히 처리된 채 장점에 대한 칭양에 치우치는 듯한데, 이는 비창조적인 현실에 대해 에이미가 부분적인 답밖에 되지 못한다는 지적(119면 등)을 기억하고 있는 독자를 당혹스럽게 만들 수 있다. 물론, 부친이 마샬씨 감옥에서 석방된 후 유럽여행을 함께 하면서 에이미가 느끼는 낭패감과 절망, 그리고 '비현실' 때문에 괴로워하는 심리 등은 더할 수 없이 그럴 법한 것으로 다가오며, 그녀 입장에서는 참고 견디는 수밖에 없었을 것으로 이해되기도 한다. '이해'와 '평가'가 별개일 수 있는 것이 예컨대, 『어려운 시절』의 씨씨(Sissy)라면 이런 '비현실'에 체념하기보다 그것에 도전하고 그것을 바꾸기 위해 적극적인 노력을 기울였을 텐데 에이미는 그러하지 못하며 더 나아가 일시적이나마 제너럴 부인(Mrs. General)과 윌리엄 도릿(William Dorrit)의 허위의식에 굴복하는 모습을 보이기도 한다(*Little Dorrit*, 2부 5장 참조)는 점과 관련된다. 이 부분에서 보이는 에이미의 약점이 '열린 자아'의 대표자로 그녀를 설정하는 정 교수의 입론 자체를 손상시키지는 않으며, 에이미에게서 가치와 기준에 대한 탐구가 내면제시와 어우러져 훨씬 더 자상하게 제시되는 것도 사실이다. 하지만 에이미의 창조성을 소홀히 다루지 않으면서도 씨씨와 비교해 에이미에게 부족한 점을 함께 거론하는 리비스의 비평에 비할 때, 칭찬에 치우친 해석은 정 교수의 균형감각에 대한 아쉬움을 불러일으킨다. 루카치와 리비스가 "유기적 총체성에 대한 인식"(17면)을 공유하고 있다는 지적 역시 상당한 유보나 부연설명이 필요한 대목일 듯하다. 그러나 책 전체로 볼 때 구성상의 제일 큰 아쉬움은 새로운 리얼리즘론이 필요해진 현실의 변화가 소략하게 던져질 뿐 자세하게 설명되지는 않는다는 점이다. 가령 이번 저작보다 후에 발표된 글이긴 하지만, 자본에 의한 노동의 형식적 포섭과 실질적 포섭을 구분하고 자본주의적 총체의 새로운 형성을 논하는 「루카치의 문학이론의 성취와 한계」(『SESK: 영미문학연구』 1호(2001): 149-73면) 같은 글이 이 책에 포함되었으면 우리가 역사적이고 전체적인 전망을 갖는 데 좀 더 도움이 되었을 것이다.

제 2 부

A 'Realistic' Approach To Shakespeare's *Hamlet*

1. Elizabethan Drama and Social Upheaval

It is well known that the flowering periods of drama, especially of tragedy coincide with the world-historical changes in human society. In the Greek drama we can find "the clash of those social forces which in reality led to the destruction of primitive forms of society and to the rise of the Greek polis." Also in the second flowering of tragedy during the Renaissance there is "the world-historical collision between dying feudalism and the birth pangs of the final class society." In addition, at the end of the eighteenth century, which is the age of the French Revolution and the preparatory stage for the Germanic reform, the flourishing of drama can be ascertained via the works of Goethe and Schiller.[1] If, as Hegel asserted, drama aims to portray 'totality of movement' in connection with the

1) For the quotations in this paragraph, see Georg Lukács, *The Historical Novel*, trans. Hannah and Stanley Mitchell (Harmondsworth: Penguin, 1962), p. 101 and pp. 111-12.

crucial conflicts of a historical period, it is reasonable that drama thrives in an age when life is full of such collisions.

The Elizabethan period against which Shakespeare wrote was equally an epoch of social upheaval.[2)]

> Sixteenth-century English society, in its economic relations and political structure, its morals and manners, was in many significant aspects unlike those forms and organizations that we normally associate with either the heyday of the feudal classes or the rise to power of the bourgeoisie. It was an age of social compromise and economic confusion which yet achieved, politically, a temporary stability and a cultural balance distinctly its own. In the sphere of economics, traditional forms of trade and agriculture existed side by side with the newly emerging modes of capitalist enterprise, and an unprecedented and often conflicting number of heterogeneous developments and activities resulted.[3)]

Neither the medieval aristocracy nor the arising bourgeoisie grasp the power to lead society. Out of this turmoil the court and crown arises as the focal point of the nation's political, religious, and cultural life. But this temporal unity holds unceasing conflicts and collisions between the two forces beneath its serene surface. In addition, Renaissance brings about alteration in people's consciousness. The medieval world view focused on God loses its position in proportion as the idea spreads that life may be changed through men's activities.

---

2) For the account of the Elizabethan England, see Robert Weimann, "The Soul of the Age: Towards a Historical Approach to Shakespeare," *Shakespeare in a Changing World*, ed. Arnold Kettle (London: Lawrence & Wishart, 1964), pp. 20-26.

3) *Ibid.*, p. 20.

The peculiar strength of the Elizabethan drama comes from the contact of the Renaissance Humanism with the popular cultural tradition which was transmitted through the theater of the folk. The popular culture during the medieval period, such as morris, maying, sword—dance, mummings, morality plays and miracle plays contains the critical perspective on the ruling class. Indeed the critical consciousness about the ruling class was the common ground of Humanism and the popular tradition. Humanist dramatists did not reject but expropriated this tradition. As Weimann said, "once the humanist contribution to the drama is seen in its wider moral and imaginative implications, it can more significantly be related to the popular tradition. The interplay of popular taste and humanist endeavor has indeed often been observed; it has been pointed out that classical models, Senecan or Terencean, enriched the popular drama while the popular tradition, in its turn, saved the drama from academic stiffness."[4]

Shakespeare was the representative dramatist in this age when humanism and the popular culture made contact with each other. On the one hand, through grammar school he received humanists' introduction to the classics and to a view of human nature that was, in essential points, no longer medieval. On the other, the fact that he was not only a dramatist but also a player makes it easy for him to meet with the popular tradition transmitted through the folk theater. Shakespeare turns these two points to his advantage. As an example we can count his creative use of clowns. Till then the function of clowns was to give audience just enjoyment

4) Robert Weimann, *Shakespeare and the Popular Tradition in the Theater: Studies in the Social Dimension of Dramatic Form and Function,* ed. Robert Schwartz (Baltimore and London; The Johns Hopkins UP, 1978), p. 180.

or comic relief irrespective of plot. But Shakespeare's clowns play an organic role in the work's whole meaning.[5] 'The complementary perspective' through clowns challenges, supplements, enriches, modifies, inverts, or criticizes some of the basic values in the play as a whole.

Our concern here is with Hamlet's procrastination, that is, what Hamlet's real dilemma is. Actually, at least two times, Hamlet is urged to revenge his father's death by the ghost "in the same figure like the King that's dead" (I. 1. 41).[6] Many critics have referred his procrastination to nervous state of mind, shock from his father's death and his mother's hasty remarriage, melancholy pessimism, Oedipus complex, sensitivity unfitting him for the crass burden of his duty to take revenge, or indulgence in thought unfitting him for crucial action, and so on. But none of these, I think, are sufficient to resolve the so-called 'the Hamlet mystery'. The right way of solution is to be found in the historical approach, for it is no use hunting for a pure essence of Shakespeare, outside time and space. Lukács appreciates Shakespeare's great tragedies as follows:

> … in the great tragedies of his maturity (*Hamlet, Macbeth, Lear*, etc.) he used the legendary anecdotal material of the old chronicles in order to concentrate certain social-moral problems of this transition crisis even more powerfully than was possible when tied to the events of English history. … For this reason the great tragic figures of Shakespeare's maturity are the most colossal historical types of this transition crisis.[7]

---

5) See *Ibid*., pp. 237-46.

6) William Shakespeare, *Hamlet Prince of Denmark*, ed. Willard Farnham, *Complete Pelican Shakespeare*: The Tragedies, ed. Alfred Harbage (1969; Harmondsworth: Penguin, 1981). All quotations come from this edition.

We can count Jan Kott as one of critics who read *Hamlet* ahistorically. He tries to get at our modern experience, anxiety and sensibility in Shakespeare's works.[8] So Kott extracts but the existential meaning from the famous "To be, or not to be" speech. This kind of retroactive reading can not teach us the adequate meaning of the play in question. The proper appreciation of *Hamlet* is possible only when we take Shakespeare as the writer of the transitional period into full account.

2. Hamlet's Tragic Dilemma: Why does Hamlet Procrastinate

Why does Hamlet procrastinate his revenge? From the first, Denmark is shown to be immersed in the chaotic state of things due to the rumor that Fortinbras is levying the forces to recover the territory lost when his father was killed in battle with the late King. Such lines as "some strange eruption to our State" (I . 1. 69), "something is rotten in the state of Denmark" (I . 4. 90) are repeated throughout the play. This gloomy atmosphere is linked with death imagery through Hamlet's monologue below.

> O that this too too sullied flesh would melt,
> Thaw, and resolve itself into a dew,
> Or that the Everlasting had not fixed

7) Georg Lukács, pp. 182-83.

8) See Jan Kott, *Shakespeare Our Contemporary*, trans. Boleslaw Taboski (Lonndon: Methuen, 1967), pp. 47-60.

His canon 'gainst self-slaughter. O God, God,
How weary, stale, flat, and unprofitable
Seem to me all the uses of this world!
Fig on't, ah, fie, 'tis an unweeded garden
That grows to seed. Things rank and gross in nature
Possess it merely. (I. 2. 129-37)

In Act III, scene 1 we can find many references to death as well. After Hamlet ascertains "ghosts' word" (III. 2. 275) through the play within the play, even the apocalyptic imagery — " 'Tis now the very witching time of night,/ When churchyards yawn, and hell itself breathes out/ Contagion to this world" (III. 2. 373-5) — appears. We are anxious to know the identity of these dark images and come to notice the relation of this darkness with Hamlet's procrastination. It is no doubt that his seeming death-wish is basically due to "his father's death and our o'erhasty marriage" (II. 2. 57), as Gertrude said. Ernest Jones explains Hamlet's delay like these.

> For some deep-seated reason, which is to him unacceptable Hamlet is plunged into anguish at the thought of his father being replaced in his mother's affections by someone else. It is as if his devotion to his mother had made him so jealous for her affection that he had found it hard enough to share this even with his father and could not endure to share it with still another man.[9)]

But we cannot help feeling that this kind of psychological explanation

9) Ernest Jones, "Hamlet and Oedipus," *Hamlet: A Casebook*, ed. John Jump (London: The Macmillan P, 1968), p. 52.

does not meet our impression of this work. There remains something more important behind his procrastination.

In Act III, scene 3 Hamlet encounters Claudius alone at prayer. He refuses to avenge his uncle under the pretext that if he kills Claudius a-praying, he may come to Heaven. But the fact that Hamlet does not admit Lord's admonition, "Do not take revenge, my friends, but leave room for God's wrath, for it is written: 'it's mine to avenge; I will repay', says the Lord" (*Romans* 12. 19) is obvious. If he believes His words he may entrust vengeance to God and claim his throne with ease. But he ponders on the meaning of personal vengeance persistently. In Act III, scene 4 ghost reappears to scold Hamlet for his "blunted purpose" (III. 4. 112).

Why does Hamlet procrastinate? We can find ample evidences, if we try, that Hamlet is likely to become the exemplary medieval king like Henry V. Because he is "the most immediate to our throne" (I. 2. 109) it is fair for him to claim the throne. Even Claudius indicates that he wins public confidence (see, IV. 3. 4. and IV. 7. 16-21). At the end of the play Fortinbras also comments on Hamlet: "For he was likely, had he been put on,/ To have proved most royal" (V. 2. 386-87). Probably, Hamlet is able to rule more successfully and more efficiently than any other medieval king. Then why does he delay his vengeance and refuse to claim his throne?

We can gain the following lamentation as a clue for answering to our question.

> The time is out of joint. O cursed spite
> That ever I was born to set it right! (I. 5. 188-89)

In Act I Hamlet alone is shown to wear the black suit of mourning in the court. This proves the fact that there might be a considerable distance between Hamlet's values and the prevalent values of the court. The corrupt, senile, and eccentric members of court, such as Claudius, Rosencrantz, and Guildenstern are presented through animal imagery. Claudius is compared with "satyr" (I. 2. 140) as well as with "that incestuous, that adulterate beast" (I. 5. 42). Rosencrantz and Guildenstern are both "sponge" (IV. 2. 12) and "adders fanged" (III. 4. 204). Hamlet said to Polonius that "I would you were so honest a man" (II. ii. 176) as a fishmonger. These remarks make us wonder whether Hamlet criticizes the court itself or only its corrupt members. In other words, the point at issue is like this: Either Hamlet casts doubts on the feudal order itself formed around the court or criticizes only the corrupt, bourgeois-like members of court with little thought of the order itself. Anyway vengeance is not a simple matter in his mind. Let's refer to John Holloway's argument.

> At least twice, Hamlet refers explicitly to his having taken on (albeit unwillingly) the task of the revenger whose narrower function may have been to avenge a wronged kinsman, but whose wider one was to purge from society the evil which it could not otherwise escape.[10]

---

10) John Holloway, "*Hamlet*," *ibid.*, pp. 161-62.

L. C. Knights holding that Hamlet's irresolution is not mere irresolution about the performance of a specific act also claims that Hamlet's procrastination is closely linked with more wider and more comprehensive question.

> It is this that is the center of interest, and the question that is as often pursued, almost, as it were, in isolation from the full imaginative effect, Why does Hamlet delay? is entirely subordinate to the wider and more inclusive question: What is the impact on Hamlet's consciousness of the world with which he has to deal?[11)]

Now we gradually approach the core of our initial question. It is certain that Hamlet doesn't fear action as such. Virtually he prepares "The Murder of Gonzago," the play within the play to test "ghost's word" as well as manages affairs on the ship toward England very well. Then why does Hamlet delay his revenge and refuse to claim his throne? In Act II, scene 2 during dialogue with Guildenstern and Rosencrantz Hamlet compares Denmark to a prison. We have said previously that there is something more important in Hamlet's procrastination beside his psychological reason. We can assume that owing to personal experience — "a father killed, a mother stained" (IV. 4. 57) — he comes to see the world in a different way. In addition, the experience of Wittenberg must have taught Hamlet a humanistic and rationalistic viewpoint. He received the humanistic education which is incompatible with the feudal revenge code. Historically "the decline of the 'revenge

---

11) L. C. Knights, '*Hamlet*' *and Other Shakespearean Essays* (Cambridge: Cambridge UP, 1979), p. 33.

—tragedy' and changes in the feudal concept of 'honor' run parallel to the strengthening of a centralized state apparatus in the late years of Elizabethan reign."[12] Hamlet ponders on the possibility whether or not the world may get better through his revenge, and he doubts that possibility grievously. Because the values and attitudes which corrupt personal relationships are essentially the ones which reside at the corrupt core of the public world. The vices which Hamlet wishes to defeat are not personal ones but intrinsic to the feudal Denmark society.

> The revolutionary nature of Hamlet's view of the world is that he sees tyranny and murder and inhumanity not as unfortunate abuses but as the norm and essence of the court of Denmark, not as blots on a society he can accept but as integral parts of a way of life he now finds intolerable. … He ceases to behave as a prince ought to behave and begins behaving as a man, a sixteenth-century man, imbued with the values and caught up in the developing and exciting potentialities and the new humanism.[13]

To Hamlet the betterment of the world is impossible without radical reform of this prison-like society. The human and moral meaning of the order itself formed around the court concerns Hamlet. In a coastal highway Hamlet sees the powers of Norway and Poland going to wage war for "a little patch of ground/ That hath in it no profit but the name" (IV. 4. 18-19). Hamlet's comments on this vain war prove the fact that he not only is tormented by his doubts about the meaning of the feudal honor or title but makes nothing of it.

---

12) Arnold Kettle, "From *Hamlet* to *Lear*," ed. Arnold Kettle, p. 153, footnote no. 1.
13) *Ibid.*, p. 147.

> Two thousand souls and twenty thousand ducats
> Will not debate the question of this straw.
> This is th'imposthume of much wealth and peace,
> That inward breaks, and shows no cause without
> Why the man dics. (IV. 4. 25-29)

In Act V, scene 2 Hamlet comes to play a fencing match with Laertes. He says, even if he loses the match, he "will gain nothing but my shame and the odd hits" (V. 2. 171). This utterance makes us recall Falstaff's monologue in *I Herry IV.*

> … Can honor set to a leg? No. Or an arm? No.
> Or take away the grief of a wound ? No. Honor hath no
> skill in surgery then? No. What is honor? A word. What
> is that word honor? Air — a trim reckoning! …
> …
> … Honor is
> a mere scutcheon — and so ends my catechism. (I Herry IV V. 1. 131-39)

It is plain that personally he makes nothing of the feudal code such as honor or revenge. His awareness shows the fact that he recognizes the changing world and takes its human meaning into consideration.

As an example of Hamlet's humanistic awareness let us see his famous speech.

> To be, or not to be — that is the question:
> Whether 'tis nobler in the mind to suffer

The slings and arrows of outrageous fortune
Or to take arms against a sea of troubles,
And by opposing end them. To die, to sleep —
No more — and by a sleep to say we end
The heartache, and the thousand natural shocks
That flesh is heir to. 'Tis a consummation
Devoutly to be wished. To die, to sleep —
To sleep — perchance to dream: ay, there's the rub,
For in that sleep of death what dreams may come
When we have shuffled off this mortal coil,
Must give us pause. There's the respect
That makes calamity of so long life.
For who would bear the whips and scorns of time,
Th' oppressor's wrong, the proud man's contumely,
The pangs of despised love, the law's delay,
The insolence of office, and the spurns
That patient merit of th' unworthy takes,
When he himself might his quietus make
With a bare bodkin? Who would fardels bear,
To grunt and sweat under a weary life,
But that the dread of something after death,
The undiscovered county, from whose bourn
No traveler returns, puzzles the will,
And makes us rather bear those ills we have,
Then fly to others that we know not of? (III. 1. 56-82)

Two kinds of explanation are possible for this speech. If we interpret "to be, or not to be" as "to die, or not to die," it leads to the kind of reading that Hamlet comes to catch the sense of evil prevalent in the universe. Of course, in some sense, Hamlet is fascinated by death, but this does not exhaust the whole meaning of *Hamlet*. This reading is nothing other than the reduction of Hamlet's dramatic and historical dilemma in the transitional period to the metaphysical anguish. Another way is to read this passage in question as "to kill and to be king or not to kill and not to be king." Hamlet knows well that he cannot stop the rottening trend of Denmark merely by revenging and becoming a King. Concerning this passage Lawrence's explanation is remarkable. It is not good of us to try to summarize his astonishing remarks, so the best way is to cite his pages in detail, however long they may be.

> At the bottom of his own soul Hamlet has decided that the self in its supremacy, Father and King, must die. It is a suicidal decision for his involuntary soul to have arrived at. Yet it is inevitable. The great religious, philosophic tide, which had been swelling all through the Middle Ages, had brought him there.
>
> The question, to be or not to be, which Hamlet puts himself, does not mean, to live or not to live. It is not the simple human being who puts himself the question, it is the supreme I, King and Father. To be or not to be King, Father, in the Self supreme? And the decision is, not to be ⋯.
>
> The King, the Emperor is killed in the soul of man, the old order of life is over, the old tree is dead at the root. So said Shakespeare. It was finally enacted in Cromwell. ⋯
>
> Before Cromwell the idea was "For the King," because every man saw himself consummated in the King. After Cromwell the idea was "For the good of my neighbour," or "For the good of the whole." This has been our ruling idea, by which we have more or less lived.[14)]

---

14) D. H. Lawrence, *Twilight in Italy* (Kingswood: The Windmill P, 1956), pp. 70-72.

F. R. Leavis comments as follows: "Lawrence relates the plight of Hamlet, and of Shakespeare who created him and transmuted in that disquieting way the traditional Hamlet theme, to a great change in the European psyche. Hamlet in his 'involuntary soul' … has decided *not to be* — decided that the will to be King, Father and Supreme I (ego) in his turn isn't in him."[15] It seems reasonable to read Hamlet's above speech as the expression of his historical — to use Lawrence's phrase, 'philosophical' — dilemma in transitional period from medieval to modern. We can count Hamlet's attitudes toward Ophelia as another example of his concrete 'philosophical' dilemma. In the churchyard scene Hamlet told her brother, Laertes that he loved Ophelia so much that "Forty thousand brothers/ Could not with all their quantity of love/ Make up my sum" (V. 1. 256-58). We cannot doubt his love toward Ophelia is honest. Nonetheless Hamlet bids Ophelia go "to a nunnery" (III. 1. 121). "For Hamlet and for Ophelia," Jan Kott observes, "it means that in the world, where murder holds sway, there is no room for love."[16] Hamlet is of course positive as to Ophelia's innocence or chastity. But she is undeniably a member of the corrupted Danish court. So Ophelia, together with Gertrude, is "at once a touching reminder of what might have been — the unity and health of the whole state — and a victim of its actual illness and disunity."[17]

---

15) F. R. Leavis, *English Literature in Our time and the University* (1969; Cambridge: Cambridge UP, 1970, p. 156. Leavis contrasts Lawrence's reading with T. S. Eliot's which puts emphasis on "sex gone wrong."

16) Jan Kott, p. 50.

17) Francis Fergusson, *The Idea of a Theater* (1949; Princeton: Princeton UP, 1968), p. 107.

What we have examined as Hamlet's historical dilemma is brought into relief by contrast with Laertes, or with Fortinbras. Three young men in this play — Hamlet, Laertes and Fortinbras — aim to avenge their fathers' death, respectively. While Hamlet doubts the feudal code and represents the newly arising humanistic spirit as examined above, Fortinbras and Laertes accept the feudal mode of life. When young Fortinbras who is "of unimproved mettle hot and full" (I. 1. 96) levies the forces "to gain a little patch of ground/ That hath in it no profit but the name," Hamlet comments on it as follows:

> Sith I have cause, and will, and strength, and means
> To do't. Examples gross as earth exhort me.
> Witness this army of such mass and charge,
> Led by a delicate and tender prince,
> Whose spirit, with divine ambition puffed,
> Makes mouths at the invisible event,
> Exposing what is mortal and unsure
> To all that fortune, death, and danger dare,
> Even for an eggshell. Rightly to be great
> Is not to stir without great argument,
> But greatly to find quarrel in a straw
> When honor's at the stake. How should I then,
> That hal · e a father killed. a mother stained,
> Excitements of my reason and my blood,
> And let all sleep, while to my shame I see
> The imminent death of twenty thousand men
> That for a fantasy and trick of fame
> Go to their graves like beds, fight for a plot
> Whereon the numbers cannot try the cause,

> Which is not tomb enough and continent
> To hide the slain? (IV. 4. 45-65)

On the one hand, Hamlet envies Fortinbras's simple view of honor and scolds himself for his procrastination. On the other, his speech denotes the tone that this kind of action is not satisfactory. In Act IV having heard of Polonius's death and secret burial, Laertes returns from France. He invades the castle at the head of a mob in order to revenge his father's doubtful death. Laertes believes, without doubt, that to avenge his father's enemy is the only and best way in which a son can do toward the dead father.

> How came he dead? I'll not be juggled with.
> To hell allegiance, vows to the blackest devil,
> Conscience and grace to the profoundest pit!
> I dare damnation. To this point I stand,
> That both the worlds I give to negligence,
> Let come what comes, only I'll be revenged
> Most throughly for my father. (IV. 5. 130-36)

In this sense Laertes and Fortinbras are foils to Hamlet. We cannot doubt that Laertes is the most suitable hero for Thomas Kydian revenge tragedy. But that Laertes is abused by Claudius demonstrates the fact that simple views of the world are unfit for the new age. That is, the feudal world view can no longer handle or settle problems in the changing and already changed world. The new vision and perspective are urgently needed which are commensurate with the newly emerging society. Hamlet's procrastination is due to his awareness that the personal revenge is inadequate to solve these problem and he can't find appropriate actions for it. But Hamlet might be on the road to this vision.

As aforementioned, the sixteenth-century English society witnesses the collision between dying feudalism and the arising bourgeois society. Not only Hamlet's experience and recognition but also Fortinbras's and Laertes's case show the inadequacy of feudal attitudes in transitional period. Though Shakespeare sees the inevitable collapse of the court and crown, he acknowledges the feudal virtues through Laertes's valor or Fortinbras's honor. But it is plain Shakespeare does not favor bourgeois attitudes against feudal ones. Claudius, Rosencrantz and Guildenstern, despite their position in the court, all represent bourgeois attitudes. The latter two courtiers betray Hamlet for their ambition. Claudius who is selfish, ambitious, and ruthless is epitome of all the bourgeoisie. He poisoned his brother to usurp a throne and to keep Gertrude as his wife. In Act III, scene 3 Claudius prepares to dispatch Hamlet to England on the pretense that "the terms of our estate may not endure/ Hazard so near's as doth hourly grow/ Out of his brows" (III. 3. 5-7). But his real plan is to make the British king kill Hamlet. In addition, he abuses Laertes's simple mind to kill Hamlet. All these people are likened by the imagery of the play to animals like 'beast,' 'satyr' and 'adders fanged.' As Arnold Hauser said, Shakespeare "scorns to have lost his confidence in Machiavellian absolutism and a ruthlessly acquisitive economy."[18)]

18) Arnold Hauser, *The Social History of Art: Renaissance, Mannerism and Baroque*,

However, Hamlet's complex situation as a man and a prince does allow his procrastination no longer. So there comes the sad, almost passive acceptance of the need to act as a prince in order to cure the canker of Denmark.

> Does it not, think thee, stand me now upon —
> He that hath killed my king, and whored my mother,
> Popped in between th' election and my hopes,
> Thrown out his angle for my proper life,
> And with such coz'nage — is't not perfect conscience
> To quit him with this arm? And is't not to be damned
> To let this canker of our nature come
> In further evil? (V. 2. 63-70)

But the 'canker' of Denmark is not to be cured through this kind of revenge. Because vices committed by Claudius are not his personal ones but closely connected with the feudal society, the 'canker' of Denmark cannot be uprooted without reforming society itself. But it is impossible for the prince in the sixteenth-century Denmark to find efficient means to reform society. Hamlet himself does realize this limitation severely. In this sense Hamlet is defeated not by enemies nor by tragic flaws but by history itself.

> The degree to which Hamlet, in the last act, capitulates to the values he has previously rejected — the extent to which he gives up the battle to act as a man rather than as a prince — corresponds, I suggest, to the actual

---

trans, Stanley Godman (1951; London: Routledge & Kegan Paul, 1962), p. 142.

possibilities in the year 1600 of putting into practice the ideas of the new humanism or, perhaps more accurately, holds the mirror up to nature in the sense that certain limitations in sixteenth-century humanism and discrepancies between humanist theory and practice are revealed.[19]

It is unfortunate for Hamlet to be born to set the time "out of joint" right. But it is still more tragic that he cannot put into practice adequate means commensurate with his humanistic awareness acquired during his painful efforts. This is the real tragedy of *Hamlet.*

3. 'The Complementary Perspective'

In the first chapter we have said that Shakespeare's clowns play an organic role in the work's whole meaning. Also we said that 'the complementary perspective' through clowns challenges, supplements, modifies, or criticizes some of the basic values in the play as a whole. Two kinds of vehicles for 'the complementary perspective' appear in this work: One is the interlude scene usually serving a choric function, e.g. the gravedigger clowns and the other is the assimilation of popular elements in the actions and attitudes of the main characters themselves, e.g. Hamlet's 'antic disposition.' Throughout this work, especially in Act II and III, Hamlet's irreverent perspective focusing on the more corrupt members of court draws from the background of the common worker.[20]

19) Arnold Kettle, p. 147.
20) See Robert Weimann, pp. 127-33 and pp. 238-39.

Gravedigger clowns reject not merely dominant values of this play — values formed around the court and crown — but bourgeois values. In other words, they reject all the values which stem from class-divided society. Two rustics don't neglect the actual difference deriving from class distinctions.

> … If this had not been a
> gentlewoman, she should have been buried out o'
> Christian burial. (V. 1. 21-23)

However, the egalitarian perspective sharply distinguished from bourgeois one is intrinsic to them.

> … There is no ancient gentle—
> men but gard'ners, ditchers, and grave-makers. They
> hold up Adam's profession. (V. 1. 27-29)

If there were no "great folk" while Adam delved and Eve span, and if the "houses" that a gravedigger builds "lasts till doomsday," both the beginning and the end of the human race can be viewed in an egalitarian perspective. The inverting structure of the comic interlude scene affects the theme and vision of Hamlet's tragedy. Hamlet himself draws the lesson:[21]

---

21) *Ibid.*, p. 240

> To what base uses we may return, Horatio!
> Why may not imagination trace the noble dust of
> Alexander till a find it stopping a bunghole? …
> No, faith, not a jot, but to follow him thither with
> modesty enough, and likelihood to lead it; as thus:
> Alexander died, Alexander was buried, Alexander re-
> turneth to dust; the dust is earth; of earth we make loam;
> and why of that loam whereto he was converted might
> they not stop a beer barrel?
> Imperious Caesar, dead and turned to clay,
> Might stop a hole to keep the wind away.
> 0, that that earth which kept the world in awe
> Should patch a wall t' expel the winter's flaw! (V. 1. 190-203)

Hamlet also notes that "the age/ is grown so picked that the toe of the peasant comes so/ near the heel of the courtier he galls his kibe" (V. 1. 130-32). In fact the wit of the clown comes so near the experience of Hamlet that it affects his language.

Weimann sums up clowns's values and its role in *Hamlet* as follows;

> Their impact on the main action is, from the point of view of ideology, of such a quality that prebourgeois standards of social equality are brought to bear on the privileges and divisions characteristic of class society; … But the gravediggers are more deeply integrated into the play's positive meaning, and as such looks forward also the gaoler in *Cymbeline* …. In *Cymbeline* there is an almost utopian tone in the equalizing position of the gaoler ….
>
> Thus, Shakespeare's integration of popular structural forms achieved a sense of "contrarietie" involving new areas of meaning that resulted from a

popular complementary perspective.[22)]

Two rustics' values and Hamlet's lessons in them enrich the whole meaning of this work in that they challenge the existing values and look forward to the future.

We can summarize Shakespeare's greatness as follows: Although he grasps the inevitable collapse of the feudal order, he doesn't find an alternative in newly arising bourgeois world. His disillusionment with the bourgeois values leads neither to nostalgia for the dying feudalism nor to existential anguish. His vision looks forward to the future.

---

22) *Ibid.*, pp. 240-41.

Works Cited

Fergusson, Francis. *The Idea of a Theater*. 1949; Princeton: Princeton UP, 1968.

Hauser, Arnold. *The Social History of Art: Renaissance, Mannerism and Baroque*. Trans. Stanlel Godman. 1951; London: Routledge & Kegan Paul, 1962.

Jump, John, ed. *Hamlet: A Casebook*. London: The Macmillan P, 1968.

Kettle, Arnold, ed. *Shakespeare in a Changing World*. London: Lawrence & Wishart, 1964.

Knights, L. C. *'Hamlet' and Other Shakespeare Essays*. Cambridge: Cambridge UP, 1969.

Kott, Jan. *Shakespeare Our Contemporary*. Trans. Boleslaw Taborski. London: Methuen, 1967.

Lawrence, D. H. *Twilight in Italy*. Kingswood: The Windmill P, 1956.

Leavis, F. R. *English Literature in Our time and the University*. 1969; Cambridge: Cambridge UP, 1970.

Lukács, Georg. *The Historical Novel*. Trans. Hannah and Stanley Mitchell. Harmondsworth : Penguin Books, 1962.

Shakespeare, William. *Hamlet Prince of Denmark*. Ed. Willard Farnham. *Complete Pelican Shakespeare: The Tragedies*. Ed. Alfred Harbage. 1969; Harmondsworth: Penguin, 1981.

Weimann, Robert. *Shakespeare and the Popular Tradition in the Theater: Studies in the Social Dimension of Dramatic Form and Function*. Ed. Robert Schwartz. Baltimore and London: The Johns Hopkins UP, 1978.